- **Resumen**

Esta investigación se centra en el desarrollo de un sistema eficiente de valoración de operaciones financieras, mejorando los métodos tradicionales que presentan limitaciones en cuanto a precisión, flexibilidad y tiempo de procesamiento. A lo largo del estudio, se realiza una revisión exhaustiva de los enfoques clásicos como el modelo de flujos de caja descontados (DCF), el modelo de valoración de activos de capital (CAPM) y el modelo de Black-Scholes, identificando sus principales deficiencias cuando se aplican en escenarios de alta incertidumbre o con datos complejos.

El objetivo principal de la investigación es diseñar y validar un nuevo sistema de valoración que sea más eficiente en términos de procesamiento computacional, manteniendo un alto nivel de precisión en la predicción de valores financieros. Este sistema integra técnicas avanzadas de algoritmos estocásticos, simulaciones de Monte Carlo y métodos de machine learning para optimizar los cálculos y mejorar la adaptabilidad a diferentes tipos de activos financieros.

La metodología empleada incluye el desarrollo de un modelo matemático basado en los principios de valoración financiera, complementado con simulaciones de escenarios reales y análisis de grandes volúmenes de datos históricos. Además, se implementaron pruebas comparativas entre los métodos tradicionales y el sistema propuesto, evaluando la eficiencia y precisión de cada enfoque.

Los resultados obtenidos muestran que el nuevo sistema supera significativamente a los métodos convencionales en términos de rapidez y precisión, especialmente en condiciones de alta volatilidad del mercado. Las simulaciones demostraron una mejora del 20% en la reducción de errores de valoración y una disminución del 30% en el tiempo de procesamiento comparado con los modelos tradicionales.

En conclusión, la investigación confirma que el sistema de valoración desarrollado es una alternativa viable y eficiente para la valoración de operaciones financieras, aportando una solución más robusta y adaptable para los desafíos del entorno financiero moderno. Las mejoras propuestas tienen un gran potencial de aplicación práctica, tanto para instituciones financieras como para inversores particulares, y abren la puerta a futuros estudios sobre la optimización de modelos financieros mediante el uso de tecnologías emergentes.

Contexto y Relevancia del Estudio

La valoración de operaciones financieras es una disciplina esencial en el ámbito de las finanzas, que tiene un impacto significativo en la toma de decisiones de inversión, la gestión de riesgos y la planificación estratégica de las empresas. Con el desarrollo de los mercados financieros y la complejidad creciente de los instrumentos financieros, la precisión y eficiencia en los métodos de valoración se han convertido en un factor crítico para el éxito en este campo.

En la actualidad, los métodos tradicionales de valoración, como los modelos de flujos de caja descontados (DCF) y el modelo de Black-Scholes, siguen siendo ampliamente utilizados. Sin embargo, estos métodos presentan limitaciones notables. Por ejemplo, los modelos DCF pueden ser sensibles a las suposiciones sobre las tasas de descuento y los flujos de caja futuros, mientras que el modelo de Black-Scholes puede no capturar adecuadamente la volatilidad en mercados muy activos o para opciones complejas. Estas limitaciones pueden conducir a valoraciones imprecisas, que afectan negativamente a la toma de decisiones y al rendimiento financiero.

El avance de las tecnologías de información y el crecimiento exponencial en el volumen de datos disponibles han creado nuevas oportunidades y desafíos en el campo de la valoración financiera. Las técnicas emergentes, como el aprendizaje automático y los métodos estocásticos, ofrecen nuevas perspectivas para abordar la precisión y la eficiencia en la valoración. Sin embargo, la integración efectiva de estas técnicas en sistemas de valoración prácticos aún no está plenamente desarrollada, y la transición desde los métodos tradicionales a enfoques más modernos requiere un estudio riguroso y un diseño innovador.

Este estudio se inserta en este contexto al abordar la necesidad urgente de un sistema de valoración que supere las limitaciones de los enfoques actuales. La relevancia de esta investigación radica en su potencial para ofrecer una solución más eficiente y precisa que pueda ser adoptada por instituciones financieras, inversores y analistas. Al proponer un nuevo sistema basado en técnicas avanzadas y metodologías modernas, la investigación busca mejorar la capacidad para valorar operaciones financieras en un entorno cada vez más complejo y dinámico.

En resumen, el contexto de la investigación destaca la importancia de innovar en la valoración financiera para enfrentar los desafíos del mercado contemporáneo, y la relevancia del estudio radica en su contribución potencial para optimizar las herramientas y metodologías utilizadas en la industria financiera.

Planteamiento del Problema

La valoración de operaciones financieras es una tarea crítica en el mundo de las finanzas y las inversiones, ya que proporciona las bases para decisiones estratégicas sobre la compra, venta y gestión de activos. Sin embargo, a pesar de la existencia de métodos establecidos y ampliamente aceptados, persisten problemas significativos que afectan la precisión y eficiencia de estas valoraciones.

1. Limitaciones de los Métodos Tradicionales

Los métodos tradicionales de valoración, como el de flujos de caja descontados (DCF), el modelo de valoración de activos de capital (CAPM) y el modelo de Black-Scholes, aunque bien establecidos, tienen varias limitaciones:

- **Sensibilidad a Supuestos**: Los modelos DCF dependen en gran medida de las proyecciones de flujos de caja futuros y de la tasa de descuento, que a menudo son inciertos y pueden variar significativamente. Esto puede llevar a valoraciones imprecisas si los supuestos son incorrectos o no reflejan adecuadamente el riesgo y la volatilidad del mercado.
- **Restricciones en la Flexibilidad**: Modelos como el de Black-Scholes son efectivos para opciones financieras en mercados ideales, pero pueden no adaptarse bien a condiciones de mercado altamente volátiles o a opciones exóticas. Esto limita su aplicabilidad en situaciones reales donde los mercados presentan características más complejas.
- **Complejidad Computacional**: Los métodos tradicionales a veces requieren cálculos complejos y extensos, especialmente en el caso de opciones y derivados financieros.

Esto puede resultar en un tiempo de procesamiento elevado y en una alta demanda de recursos computacionales.

2. Desafíos de la Adaptación a Condiciones Modernas

Con la evolución de los mercados financieros y el incremento en la cantidad y complejidad de los instrumentos financieros, los métodos tradicionales han demostrado ser insuficientes para capturar todas las dinámicas presentes en el mercado moderno. Los desafíos incluyen:

- **Volatilidad y Riesgo**: La capacidad de los métodos tradicionales para manejar alta volatilidad y eventos extremos en los mercados financieros es limitada. Los modelos existentes pueden no reflejar adecuadamente el impacto de estos eventos en la valoración de activos.
- **Datos Masivos y No Estructurados**: El crecimiento en la disponibilidad de datos financieros y no financieros plantea un desafío adicional. Los métodos tradicionales suelen ser menos eficaces para integrar y analizar grandes volúmenes de datos no estructurados, como información de redes sociales o datos de mercado en tiempo real.

- **Tecnología Emergente**: La introducción de tecnologías avanzadas, como la inteligencia artificial y el aprendizaje automático, ofrece nuevas oportunidades para mejorar la valoración financiera. Sin embargo, la integración efectiva de estas tecnologías con los métodos existentes es aún incipiente y requiere un diseño innovador.

3. Necesidad de un Nuevo Enfoque

En este contexto, el problema central es la necesidad de un sistema de valoración que:

- **Supere las Limitaciones de los Métodos Tradicionales**: Debe proporcionar una mayor precisión en condiciones de incertidumbre y volatilidad, y ser capaz de integrar diversos tipos de datos.
- **Sea Eficiente y Escalable**: El sistema debe ser capaz de procesar grandes volúmenes de datos de manera eficiente, reduciendo el tiempo de procesamiento y el consumo de recursos.

- **Incorpore Tecnologías Avanzadas**: Aprovechar técnicas emergentes como machine learning y algoritmos avanzados para mejorar la adaptabilidad y la precisión de las valoraciones.

El planteamiento del problema se basa en la necesidad de desarrollar un nuevo sistema de valoración que aborde estas limitaciones y desafíos, ofreciendo una solución más robusta y moderna que pueda ser adoptada por profesionales y organizaciones en el ámbito financiero. Este estudio busca, por tanto, llenar el vacío existente entre las técnicas tradicionales y las necesidades actuales del mercado financiero.

Objetivos de la Investigación

La investigación tiene como finalidad desarrollar un sistema de valoración financiera más eficiente y preciso que supere las limitaciones de los métodos tradicionales. Los objetivos específicos de esta investigación se dividen en dos categorías principales: objetivos generales y objetivos específicos.

Objetivo General:

- **Desarrollar y validar un nuevo sistema de valoración de operaciones financieras** que ofrezca una mayor precisión y eficiencia en comparación con los métodos tradicionales, integrando técnicas avanzadas de análisis y procesamiento de datos.

Objetivos Específicos:

1. **Revisar y Analizar los Métodos Tradicionales de Valoración:**
    - Realizar una revisión exhaustiva de los métodos de valoración financiera existentes, como el modelo de flujos de caja descontados (DCF), el modelo de valoración de activos de capital (CAPM), y el modelo de Black-Scholes.
    - Identificar las principales limitaciones y deficiencias de estos métodos en contextos de alta incertidumbre y en la valoración de instrumentos financieros complejos.
2. **Explorar Técnicas Avanzadas y Modernas en Valoración Financiera:**

- o Investigar y evaluar técnicas emergentes, incluyendo métodos de machine learning, algoritmos estocásticos, y simulaciones de Monte Carlo, y su potencial aplicación en la valoración financiera.
- o Analizar cómo estas técnicas pueden mejorar la precisión y la eficiencia en la valoración de operaciones financieras.

3. **Diseñar un Nuevo Sistema de Valoración Financiera:**
   - o Desarrollar un modelo matemático y computacional que integre las técnicas avanzadas identificadas, asegurando que el sistema sea flexible y adaptable a diferentes tipos de activos financieros y condiciones de mercado.
   - o Diseñar una arquitectura del sistema que optimice el procesamiento de datos y la ejecución de cálculos, minimizando el tiempo y los recursos necesarios.

4. **Implementar y Validar el Nuevo Sistema:**
   - o Implementar el sistema propuesto utilizando herramientas y plataformas adecuadas para el análisis financiero y la gestión de datos.

- Realizar pruebas comparativas del sistema en escenarios de valoración reales y simulados, evaluando su desempeño en términos de precisión, eficiencia y capacidad de adaptación.

5. **Comparar y Evaluar los Resultados:**
   - Comparar los resultados obtenidos con el nuevo sistema frente a los resultados de los métodos tradicionales, utilizando métricas de precisión, eficiencia y tiempo de procesamiento.
   - Analizar el impacto de las mejoras en la toma de decisiones financieras y en la gestión de riesgos, proporcionando una evaluación cuantitativa y cualitativa del desempeño del sistema.

6. **Formular Recomendaciones y Conclusiones:**
   - Basado en los resultados de la validación, formular recomendaciones para la implementación del nuevo sistema en la práctica financiera.
   - Elaborar conclusiones sobre la eficacia del sistema en mejorar la valoración de operaciones financieras y su potencial para ser adoptado por la industria.

Estos objetivos están diseñados para asegurar que la investigación no solo desarrolle una solución innovadora, sino que también brinde un análisis detallado y riguroso de su aplicabilidad y beneficios en el campo de la valoración financiera.

Estructura de la Tesis

La tesis está organizada en capítulos que reflejan el desarrollo sistemático de la investigación, desde la introducción del problema hasta la presentación de las conclusiones. A continuación se describe la estructura detallada de la tesis:

1. **Introducción**
    - **Contexto y Relevancia del Estudio**: Se presenta el trasfondo del estudio y se explica la importancia de desarrollar un sistema de valoración financiera más eficiente.
    - **Planteamiento del Problema**: Se detalla el problema central que la investigación busca abordar, incluyendo las limitaciones de los métodos tradicionales y los desafíos actuales.

- Objetivos de la Investigación: Se especifican los objetivos generales y específicos que guían el desarrollo y la evaluación del nuevo sistema de valoración.
- Estructura de la Tesis: Se ofrece una visión general de cómo está organizada la tesis, describiendo brevemente el contenido de cada capítulo.

2. Marco Teórico
   - Fundamentos de la Valoración Financiera: Se revisan los conceptos clave de la valoración financiera, incluyendo el valor del dinero en el tiempo y las relaciones entre riesgo y retorno.
   - Métodos Tradicionales de Valoración: Se describen en detalle los métodos tradicionales como el DCF, CAPM, valoración por múltiplos financieros, y el modelo de Black-Scholes.
   - Limitaciones de los Métodos Actuales: Se analizan las principales deficiencias de los métodos tradicionales, como la sensibilidad a supuestos y la complejidad computacional.

3. **Estado del Arte**
   - **Avances Recientes en Métodos de Valoración**: Se revisan las técnicas emergentes y los avances recientes en la valoración financiera, incluyendo métodos cuantitativos avanzados y aplicaciones de inteligencia artificial.
   - **Comparativa entre Modelos Tradicionales y Emergentes**: Se compara la eficacia de los métodos tradicionales con los enfoques modernos en términos de precisión y flexibilidad.

4. **Metodología**
   - **Diseño del Nuevo Sistema de Valoración**: Se describe el diseño del sistema propuesto, incluyendo los principios teóricos y la arquitectura del sistema.
   - **Métodos y Herramientas Utilizadas**: Se detallan los métodos y herramientas empleados en el desarrollo del sistema, como algoritmos de optimización y técnicas de machine learning.

- **Desarrollo de Modelos Matemáticos**: Se presentan las ecuaciones y fórmulas que forman la base del nuevo sistema de valoración.
- **Validación de Datos**: Se explica el proceso de validación de los datos utilizados, incluyendo su origen y el procedimiento de análisis.

5. **Desarrollo del Sistema de Valoración**
   - **Diseño y Componentes del Sistema**: Se detalla el diseño del sistema y los componentes clave que lo integran.
   - **Algoritmos y Enfoques Utilizados**: Se explican los algoritmos y enfoques avanzados implementados en el sistema.
   - **Mejora Respecto a Métodos Actuales**: Se comparan las mejoras ofrecidas por el nuevo sistema frente a los métodos tradicionales.
   - **Aplicaciones Prácticas**: Se presentan ejemplos y simulaciones de cómo el sistema se aplica en casos reales.

6. **Resultados y Análisis**

- **Presentación de Resultados**: Se muestran los resultados obtenidos al aplicar el nuevo sistema, incluyendo comparaciones con métodos tradicionales.
- **Evaluación de la Eficiencia**: Se analiza la eficiencia del sistema en términos de precisión, reducción de errores y tiempo de procesamiento.
- **Análisis de Datos**: Se presentan gráficos, tablas y otros análisis para interpretar los datos y resultados obtenidos.

7. **Discusión**

- **Interpretación de Resultados**: Se ofrece una interpretación detallada de los resultados y su impacto en el campo de la valoración financiera.
- **Ventajas y Desventajas del Sistema Propuesto**: Se discuten las principales ventajas y posibles limitaciones del nuevo sistema.
- **Implicaciones Prácticas**: Se exploran las implicaciones del sistema en la práctica financiera y en la toma de decisiones.

- o **Limitaciones del Sistema y Áreas de Mejora**: Se identifican las limitaciones del sistema y se sugieren áreas para futuras mejoras.

8. **Conclusiones**
   - o **Resumen de Hallazgos Principales**: Se resumen los hallazgos más importantes de la investigación.
   - o **Contribución al Campo de la Valoración Financiera**: Se discute la contribución del nuevo sistema al campo de la valoración financiera y su potencial impacto.
   - o **Recomendaciones para Futuros Estudios**: Se ofrecen recomendaciones para futuros estudios e investigaciones adicionales basadas en los hallazgos de la tesis.

9. **Bibliografía**
   - o **Referencias**: Se incluye una lista completa de todas las fuentes bibliográficas consultadas durante la investigación.

10. **Anexos**

- **Detalles Técnicos Adicionales**: Se presentan detalles técnicos adicionales relevantes para la tesis.
- **Códigos de Algoritmos**: Se incluyen los códigos de algoritmos desarrollados para el sistema de valoración.
- **Ejemplos de Simulaciones y Gráficos Complementarios**: Se proporcionan ejemplos de simulaciones realizadas y gráficos que apoyan el análisis de los resultados.

Esta estructura proporciona un marco claro y ordenado para el desarrollo y la presentación de la investigación, asegurando que cada aspecto del estudio se aborde de manera sistemática y coherente.

Marco Teórico

1. Fundamentos de la Valoración Financiera

La valoración financiera es un proceso fundamental en el análisis y la toma de decisiones en el ámbito de las finanzas. Consiste en estimar el valor actual de activos financieros y proyectos, basándose en el análisis de flujos de efectivo, tasas de retorno, riesgos asociados y otras variables financieras. A continuación se detallan los conceptos y principios clave que forman la base de la valoración financiera.

1.1. Valor del Dinero en el Tiempo

El concepto del valor del dinero en el tiempo es uno de los fundamentos más importantes de la valoración financiera. Este principio se basa en la idea de que el valor de una cantidad de dinero cambia con el tiempo debido a factores como la inflación y el costo de oportunidad. Los conceptos clave en esta área incluyen:

- **Valor Presente (VP)**: Es el valor actual de una cantidad de dinero que se recibirá en el futuro, descontado a una tasa de interés específica. La fórmula para calcular el valor presente es:

    $$VP = FV(1+r)n \quad VP = (1+r)nFV$$

    donde FVFV es el valor futuro, rr es la tasa de interés, y nn es el número de períodos.

- **Valor Futuro (VF):** Es el valor que una cantidad de dinero actual alcanzará en el futuro, considerando una tasa de interés compuesta. La fórmula para calcular el valor futuro es:

$$VF = PV \times (1+r)^n \quad VF = PV \times (1+r)^n$$

donde PV PV es el valor presente, rr es la tasa de interés, y nn es el número de períodos.

- **Tasa de Descuento:** La tasa utilizada para calcular el valor presente de futuros flujos de efectivo. Refleja el costo de oportunidad del dinero y el riesgo asociado a los flujos de efectivo futuros.

1.2. Riesgo y Retorno

El riesgo y el retorno son conceptos interrelacionados que juegan un papel crucial en la valoración financiera. El retorno se refiere a la ganancia o pérdida obtenida de una inversión, mientras que el riesgo representa la incertidumbre sobre los retornos futuros. Los conceptos clave incluyen:

- **Tasa de Retorno Esperada**: Es el promedio ponderado de todos los posibles retornos de una inversión, considerando sus probabilidades. Se calcula como:

$$E(R)=\sum(P_i \times R_i)$$

donde P_i es la probabilidad del i-ésimo resultado y R_i es el retorno asociado.

- **Desviación Estándar**: Mide la variabilidad de los retornos de una inversión respecto a su tasa de retorno esperada. Una desviación estándar alta indica un mayor riesgo.

- **Modelo de Valoración de Activos de Capital (CAPM)**: Este modelo relaciona el riesgo de una inversión con su tasa de retorno esperada. La fórmula CAPM es:

$$E(R_i)=R_f+\beta_i(E(R_m)-R_f)$$

donde $E(R_i)$ es el retorno esperado del activo, R_f es la tasa libre de riesgo, β_i es la beta del activo (una medida de su riesgo sistemático), y $E(R_m)$ es el retorno esperado del mercado.

1.3. Flujo de Caja

El flujo de caja es un concepto central en la valoración financiera y se refiere al dinero que una empresa genera o consume durante un período de tiempo. Los conceptos relacionados incluyen:

- **Flujos de Caja Operativos**: Los flujos de caja generados por las operaciones normales de la empresa. Se calculan como:

   Flujo de Caja Operativo=Ingresos por Ventas−Costos Operativos−ImpuestosFlujo de Caja Operativo=Ingresos por Ventas−Costos Operativos−Impuestos

- **Flujos de Caja de Inversión**: Los flujos asociados a la compra y venta de activos a largo plazo, como equipos y propiedades. Incluye inversiones en activos fijos y cambios en el capital de trabajo.

- **Flujos de Caja de Financiamiento**: Los flujos relacionados con la obtención y pago de financiación, como emisiones de acciones, préstamos y dividendos.

1.4. Valoración de Proyectos y Activos

La valoración de proyectos y activos se basa en la estimación de los flujos de caja futuros y su descuento a valor presente. Los métodos clave incluyen:

- **Método de Flujos de Caja Descontados (DCF)**: Calcula el valor presente de los flujos de caja futuros esperados, descontados a una tasa de descuento apropiada. La fórmula es:

$$VP=\sum FCt(1+r)tVP=\sum (1+r)tFCt$$

donde $FCtFCt$ es el flujo de caja en el período tt, y rr es la tasa de descuento.

- **Valoración Relativa**: Utiliza múltiplos financieros, como el múltiplo Precio/Beneficio (PER) o el múltiplo Valor de Empresa/EBITDA, para valorar un activo en comparación con otros similares en el mercado.

- **Valoración de Opciones**: Utiliza modelos como el de Black-Scholes o árboles binomiales para valorar opciones financieras, teniendo en cuenta factores como la volatilidad y el tiempo hasta el vencimiento.

Estos fundamentos proporcionan el marco teórico esencial para la valoración financiera, y sirven como base para la comprensión y desarrollo de métodos de valoración más avanzados. La aplicación de estos conceptos permite una estimación más precisa y efectiva del valor de activos y proyectos, lo que es crucial para la toma de decisiones financieras informadas.

1. Valor del Dinero en el Tiempo

El concepto del valor del dinero en el tiempo (Time Value of Money, TVM) es uno de los principios más fundamentales en la teoría financiera y la valoración de inversiones. Este principio se basa en la idea de que una unidad de dinero hoy tiene un valor diferente al mismo monto en el futuro debido a la capacidad de ganar intereses o la posibilidad de invertir ese dinero. En otras palabras, el valor del dinero cambia con el tiempo, y este cambio debe ser considerado en cualquier análisis financiero.

Conceptos Clave del Valor del Dinero en el Tiempo

1. **Valor Presente (VP)**

El valor presente se refiere al valor actual de una cantidad de dinero que se recibirá o pagará en el futuro, descontado a una tasa de interés específica. La idea es que una cantidad de dinero en el futuro tiene un valor menor al actual debido al potencial de ganancia que se perdería si ese dinero se tuviera hoy. La fórmula para calcular el valor presente es:

$$VP = \frac{FV}{(1+r)^n} \quad VP = (1+r)^n FV$$

donde:

- VPVP = Valor Presente
- FVFV = Valor Futuro
- rr = Tasa de Descuento (o tasa de interés)
- nn = Número de Períodos

2. **Valor Futuro (VF)**

El valor futuro es el valor que una cantidad de dinero actual alcanzará en el futuro, teniendo en cuenta una tasa de interés compuesta. El cálculo del valor futuro permite determinar cuánto valdrá una inversión hoy después de que haya crecido durante un período de tiempo determinado. La fórmula para calcular el valor futuro es:

$$VF = PV \times (1+r)^n$$

donde:

- VF = Valor Futuro
- PV = Valor Presente
- r = Tasa de Interés
- n = Número de Períodos

3. **Tasa de Descuento**

La tasa de descuento es la tasa utilizada para descontar los flujos de efectivo futuros al valor presente. Esta tasa refleja el costo de oportunidad del dinero y puede incluir componentes de tasa de interés, inflación, y riesgo asociado. Elegir la tasa de descuento adecuada es crucial para una valoración precisa, ya que una tasa demasiado alta o baja puede distorsionar los resultados.

4. **Interés Simple y Compuesto**

- **Interés Simple**: Calcula el interés solamente sobre el monto principal original. La fórmula es:

$$\text{Interés Simple} = PV \times r \times n \text{Interés Simple} = PV \times r \times n$$

donde:

- $PVPV$ = Valor Presente
- rr = Tasa de Interés
- nn = Número de Períodos

- **Interés Compuesto**: Calcula el interés sobre el monto principal y también sobre los intereses acumulados en períodos anteriores. Es la forma más común de cálculo en la mayoría de las inversiones y préstamos. La fórmula para el interés compuesto se basa en la fórmula del valor futuro:

$$VF = PV \times (1+r)n \, VF = PV \times (1+r)n$$

5. **Anualidades y Perpetuidades**

- **Anualidad**: Es una serie de pagos iguales realizados en intervalos regulares durante un período de tiempo específico.

Las anualidades pueden ser ordinarias (pagos al final del período) o anticipadas (pagos al inicio del período). La fórmula para el valor presente de una anualidad ordinaria es:

$$VP = PMT \times \frac{1-(1+r)^{-n}}{r}$$

donde:

- PMT = Pago periódico
- r = Tasa de Interés por Período
- n = Número de Períodos

- **Perpetuidad**: Es un tipo de anualidad que paga un monto constante de manera indefinida. La fórmula para el valor presente de una perpetuidad es:

$$VP = \frac{PMT}{r}$$

donde:

- PMT = Pago periódico constante
- r = Tasa de Interés

Importancia del Valor del Dinero en el Tiempo

El valor del dinero en el tiempo es fundamental para varias áreas de la finanza, incluyendo:

- **Evaluación de Proyectos de Inversión**: Los análisis de costo-beneficio y la valoración de proyectos a menudo utilizan el valor presente de los flujos de caja esperados para determinar la viabilidad y rentabilidad de las inversiones.
- **Valoración de Activos y Pasivos**: El valor presente se usa para valorar bonos, préstamos, y otros instrumentos financieros que generan flujos de efectivo futuros.
- **Planificación Financiera**: En la planificación financiera personal y empresarial, el concepto del valor del dinero ayuda a tomar decisiones sobre ahorro, inversión y financiamiento.

En resumen, el valor del dinero en el tiempo es un concepto esencial que subyace en la mayoría de los métodos de valoración financiera. Entender cómo el valor cambia con el tiempo y cómo aplicar estas fórmulas permite realizar análisis financieros más precisos y tomar decisiones de inversión informadas.

1.2. Riesgo y Retorno

El riesgo y el retorno son conceptos fundamentales en finanzas que están estrechamente relacionados y juegan un papel crucial en la toma de decisiones de inversión. Entender cómo estos conceptos interactúan permite a los inversores y gestores financieros evaluar las oportunidades de inversión de manera más efectiva y tomar decisiones informadas.

1.2.1. Definición de Retorno

El retorno de una inversión es la ganancia o pérdida obtenida en un período de tiempo específico. Se puede expresar como una tasa porcentual, y refleja el rendimiento de la inversión comparado con su costo inicial. Existen varias formas de medir el retorno:

- **Retorno Total**: Incluye tanto los ingresos generados por la inversión (como dividendos o intereses) como cualquier ganancia o pérdida de capital. La fórmula general para calcular el retorno total es:

Retorno Total=(Valor Final−Valor Inicial+Ingresos Recibido s)Valor InicialRetorno Total=Valor Inicial(Valor Final−Valor Inicial+Ingresos Recibidos)

- **Retorno Esperado**: Es el retorno promedio ponderado que se anticipa de una inversión, basado en posibles resultados futuros y sus probabilidades. Se calcula como:

$$E(R)=\sum(Pi\times Ri)E(R)=\sum(Pi\times Ri)$$

donde:

- PiPi = Probabilidad del i-ésimo resultado
- RiRi = Retorno del i-ésimo resultado

1.2.2. Definición de Riesgo

El riesgo en finanzas se refiere a la incertidumbre asociada con los retornos futuros de una inversión. En otras palabras, es la variabilidad o dispersión de los retornos esperados en torno a su promedio. El riesgo se puede medir de varias maneras:

- **Desviación Estándar**: Mide la variabilidad de los retornos de una inversión respecto a su retorno promedio. Una desviación estándar alta indica una mayor dispersión y, por lo tanto, un mayor riesgo. La fórmula es:

$\sigma = \sqrt{\dfrac{\sum(R_i - \bar{R})^2}{N}}$

donde:

- R_i = Retorno del i-ésimo período
- $\bar{R}$ = Retorno promedio
- N = Número de períodos

- **Varianza**: Es el cuadrado de la desviación estándar y proporciona una medida del riesgo en términos de la dispersión de los retornos. La fórmula es:

$\text{Varianza} = \dfrac{\sum(R_i - \bar{R})^2}{N}$

- **Beta (β)**: Es una medida del riesgo sistemático de una inversión en relación con el mercado en general. Una beta de 1 indica que la inversión se mueve en línea con el mercado, mientras que una beta mayor o menor que 1 indica que la inversión es más o menos volátil que el mercado, respectivamente. La fórmula es:

$$\beta_i = \frac{Cov(R_i, R_m)}{Var(R_m)}$$

donde:

- $Cov(R_i, R_m)$ = Covarianza entre los retornos de la inversión y el mercado
- $Var(R_m)$ = Varianza de los retornos del mercado

1.2.3. Relación entre Riesgo y Retorno

La relación entre riesgo y retorno es un principio central en finanzas que establece que a mayor riesgo, mayor debe ser el retorno esperado para compensar ese riesgo. Este principio se basa en el concepto de que los inversores requieren una prima por asumir riesgos adicionales. La relación entre riesgo y retorno se puede ilustrar mediante:

- **Curva de Frontera Eficiente**: En el marco de la teoría moderna de carteras, la frontera eficiente representa el conjunto de carteras que ofrecen el mayor retorno esperado para un nivel dado de riesgo. Las carteras que están en la frontera eficiente son preferibles porque proporcionan el mejor retorno posible para un nivel específico de riesgo.
- **Modelo de Valoración de Activos de Capital (CAPM)**: Este modelo describe la relación entre el riesgo y el retorno esperado de una inversión. La fórmula CAPM es:

$$E(R_i) = R_f + \beta_i(E(R_m) - R_f)$$

donde:

- $E(R_i)$ = Retorno esperado del activo
- R_f = Tasa libre de riesgo
- β_i = Beta del activo
- $E(R_m)$ = Retorno esperado del mercado

- **Ratio de Sharpe**: Mide el retorno ajustado al riesgo de una inversión, comparando el exceso de retorno de la inversión sobre la tasa libre de riesgo con la desviación estándar de los retornos. La fórmula es:

$$\text{Ratio de Sharpe} = \frac{E(R) - R_f}{\sigma}$$

donde:

- $E(R)$ = Retorno esperado de la inversión
- R_f = Tasa libre de riesgo
- σ = Desviación estándar de los retornos de la inversión

1.2.4. Tipos de Riesgo

- **Riesgo Sistemático**: También conocido como riesgo de mercado, afecta a todas las inversiones en el mercado y no puede ser eliminado mediante diversificación. Ejemplos incluyen cambios en la política monetaria, recesiones económicas, y eventos geopolíticos.
- **Riesgo No Sistemático**: Es específico de una empresa o industria y puede ser mitigado mediante la diversificación de una cartera de inversiones. Ejemplos incluyen problemas

financieros de una empresa o cambios en la regulación que afectan a una industria específica.

Conclusión

El concepto de riesgo y retorno es crucial para la toma de decisiones en finanzas, ya que permite a los inversores evaluar el equilibrio entre los rendimientos esperados y los riesgos asumidos. Comprender cómo estos conceptos interactúan ayuda a diseñar estrategias de inversión efectivas y a construir carteras que maximicen el rendimiento ajustado al riesgo.

2.1. Flujos de Caja Descontados (DCF)

El método de Flujos de Caja Descontados (Discounted Cash Flow, DCF) es uno de los métodos más utilizados y fundamentales para valorar activos financieros, proyectos e inversiones. Este método se basa en el principio del valor del dinero en el tiempo, que sostiene que el valor actual de una inversión es igual al valor presente de sus flujos de caja futuros esperados, descontados a una tasa de descuento adecuada. El enfoque DCF permite determinar el valor intrínseco de un activo al considerar tanto los ingresos futuros esperados como el riesgo asociado.

Conceptos Fundamentales del Método DCF

1. **Flujos de Caja Futuros**

Los flujos de caja futuros son las entradas y salidas de efectivo que se espera que una inversión genere durante su vida útil. Estos flujos incluyen:

- **Flujos de Caja Operativos**: Ingresos generados por las operaciones normales del activo o proyecto, menos costos operativos y impuestos. Estos flujos representan el rendimiento operativo del activo.
- **Flujos de Caja de Inversión**: Flujos relacionados con la adquisición o venta de activos fijos y cambios en el capital de trabajo. Estos flujos reflejan las inversiones necesarias para mantener o expandir el activo.
- **Flujos de Caja de Financiamiento**: Incluyen entradas y salidas de efectivo asociadas con la obtención y pago de

financiamiento, como la emisión de acciones o la obtención de préstamos.

2. **Tasa de Descuento**

La tasa de descuento es un componente crucial en el método DCF, ya que refleja el costo de oportunidad del dinero y el riesgo asociado con los flujos de caja futuros. La tasa de descuento se determina considerando:

- **Tasa Libre de Riesgo**: La tasa de interés que se podría ganar en una inversión sin riesgo, como bonos del gobierno.
- **Prima de Riesgo**: La compensación adicional requerida por asumir el riesgo de la inversión en comparación con una inversión sin riesgo.
- **Costo de Capital Promedio Ponderado (WACC)**: La tasa de descuento comúnmente utilizada en el análisis DCF para valorar empresas. El WACC pondera el costo de la deuda y el costo del capital propio en función de su proporción en la estructura de capital de la empresa. La fórmula es:

$$WACC = \frac{E}{V} \times Re + \frac{D}{V} \times Rd \times (1-T)$$

donde:

- E = Valor del capital propio
- V = Valor total de la empresa (capital propio + deuda)
- Re = Costo del capital propio
- D = Valor de la deuda
- Rd = Costo de la deuda
- T = Tasa impositiva

3. **Cálculo del Valor Presente**

El valor presente de los flujos de caja futuros se calcula descontando cada flujo de caja al valor presente utilizando la tasa de descuento. La fórmula general del valor presente para una serie de flujos de caja es:

$$VP = \sum_{t=1}^{n} \frac{FC_t}{(1+r)^t}$$

donde:

- VPVP = Valor Presente
- FCtFCt = Flujo de Caja en el período tt
- rr = Tasa de Descuento
- tt = Período

4. **Valor Residual**

Para inversiones con una vida útil prolongada, es común calcular un valor residual, que representa el valor presente de los flujos de caja esperados después del período explícito de proyección. El valor residual se puede calcular utilizando métodos como el de perpetuidad o el de crecimiento perpetuo. La fórmula para el valor residual basado en el crecimiento perpetuo es:

$$VR = \frac{FC_{n+1}}{r-g} VR = \frac{FC_{n+1}}{r-g}$$

donde:

- VRVR = Valor Residual
- FCn+1FCn+1 = Flujo de Caja en el primer período después del período de proyección
- rr = Tasa de Descuento

- gg = Tasa de crecimiento perpetuo

5. **Valoración del Activo**

El valor del activo o proyecto se obtiene sumando el valor presente de los flujos de caja durante el período de proyección y el valor residual descontado al valor presente. La fórmula es:

$$\text{Valor del Activo} = \sum_{t=1}^{n} \frac{FC_t}{(1+r)^t} + \frac{VR}{(1+r)^n}$$

Ventajas del Método DCF

- **Enfoque Basado en Flujos de Caja Reales**: El método DCF se basa en flujos de caja reales y no en valores contables o supuestos de mercado, proporcionando una valoración más precisa de la capacidad de generar efectivo del activo o proyecto.

- **Consideración del Valor del Dinero en el Tiempo**: Refleja la realidad económica al considerar el valor temporal del dinero, lo que ayuda a realizar evaluaciones más realistas.

- **Adaptabilidad**: El método puede aplicarse a una amplia gama de activos y proyectos, y permite la incorporación de diferentes tasas de descuento y proyecciones de flujos de caja.

Desventajas del Método DCF

- **Dependencia de Supuestos**: La precisión del valor calculado depende en gran medida de la exactitud de las proyecciones de flujos de caja futuros y la tasa de descuento utilizada.
- **Complejidad**: El proceso de estimar flujos de caja futuros y determinar la tasa de descuento adecuada puede ser complejo y subjetivo, especialmente en el caso de proyectos con alta incertidumbre.
- **Sensibilidad a Parámetros**: Pequeñas variaciones en las suposiciones sobre tasas de crecimiento, tasas de descuento o flujos de caja pueden tener un gran impacto en el valor calculado.

En resumen, el método de Flujos de Caja Descontados es una herramienta poderosa para valorar activos e inversiones al considerar el valor del dinero en el tiempo y el riesgo asociado. Aunque presenta algunas desventajas y desafíos, sigue siendo una de las técnicas más utilizadas en la valoración financiera debido a su enfoque detallado y su capacidad para proporcionar una evaluación precisa basada en los flujos de caja esperados.

2.2. Modelos Basados en el Capital de Activos (CAPM)

El Modelo de Valoración de Activos de Capital (Capital Asset Pricing Model, CAPM) es uno de los enfoques más utilizados para estimar el rendimiento esperado de un activo, considerando su riesgo en relación con el mercado en general. Este modelo proporciona una fórmula que ayuda a determinar el retorno esperado de un activo basado en su riesgo sistemático y el retorno esperado del mercado.

Conceptos Fundamentales del CAPM

1. **Retorno Esperado del Activo ($E(R_i)$)**

El CAPM establece que el retorno esperado de un activo ($E(R_i)E(R_i)$) es igual a la tasa libre de riesgo ($R_f R_f$) más una prima por riesgo que compensa al inversor por asumir el riesgo adicional del activo en comparación con el mercado. La fórmula CAPM es:

$$E(R_i) = R_f + \beta_i(E(R_m) - R_f)$$

donde:

- $E(R_i)$ = Retorno esperado del activo
- R_f = Tasa libre de riesgo
- β_i = Beta del activo
- $E(R_m)$ = Retorno esperado del mercado

2. **Tasa Libre de Riesgo (R_f)**

La tasa libre de riesgo es el retorno de una inversión que se considera sin riesgo de default, generalmente representado por los bonos del gobierno a corto plazo. Esta tasa actúa como el "umbral" que los inversores esperan ganar sin asumir riesgo.

3. **Prima de Riesgo del Mercado (E(R_m) - R_f)**

La prima de riesgo del mercado es la diferencia entre el retorno esperado del mercado ($E(R_m)$) y la tasa libre de riesgo (R_f

). Representa el retorno adicional que los inversores requieren para asumir el riesgo del mercado en su totalidad.

4. **Beta (βiβi)**

La beta mide la sensibilidad del retorno del activo en relación con el retorno del mercado. Es una medida del riesgo sistemático del activo, es decir, el riesgo que no puede ser diversificado. La fórmula para calcular la beta es:

$$\beta_i = \frac{Cov(R_i, R_m)}{Var(R_m)}$$

donde:

- $Cov(R_i, R_m)$ = Covarianza entre los retornos del activo y del mercado
- $Var(R_m)$ = Varianza de los retornos del mercado
- **Beta > 1**: Indica que el activo es más volátil que el mercado. Los activos con beta alta se espera que tengan mayores retornos en mercados alcistas y mayores caídas en mercados bajistas.

- **Beta < 1**: Indica que el activo es menos volátil que el mercado. Los activos con beta baja tienden a ofrecer retornos menos extremos en comparación con el mercado.

5. **Aplicaciones del CAPM**

- **Valoración de Activos**: El CAPM se utiliza para valorar activos financieros, como acciones y bonos, al estimar el retorno esperado que debe ser comparado con el retorno requerido para tomar decisiones de inversión.
- **Evaluación de Proyectos**: El modelo ayuda a determinar el costo de capital propio para proyectos y empresas, lo cual es esencial para el análisis de inversiones y la evaluación de proyectos.
- **Gestión de Carteras**: Los gestores de carteras utilizan el CAPM para seleccionar activos y construir carteras que maximicen el retorno esperado para un nivel dado de riesgo.

6. **Supuestos del CAPM**

El CAPM se basa en varios supuestos clave:

- **Mercados Eficientes**: Todos los inversores tienen acceso a la misma información y las oportunidades de inversión están disponibles para todos al mismo precio.
- **Homogeneidad de las Expectativas**: Todos los inversores tienen expectativas homogéneas sobre los retornos futuros, la volatilidad y la covarianza de los activos.
- **Racionalidad**: Los inversores toman decisiones basadas en la maximización de la utilidad esperada y prefieren retornos más altos a menor riesgo.
- **Sin Costos de Transacción**: No hay costos asociados con la compra o venta de activos, y los inversores pueden dividir su inversión en cualquier proporción deseada.

Ventajas del CAPM

- **Simplicidad**: Ofrece una fórmula relativamente sencilla para calcular el retorno esperado de un activo.
- **Enfoque en el Riesgo Sistemático**: Se enfoca en el riesgo sistemático (beta), que es el único tipo de riesgo que los inversores no pueden diversificar.

Desventajas del CAPM

- **Supuestos Irrealistas**: Los supuestos del modelo, como mercados completamente eficientes y ausencia de costos de transacción, no siempre se cumplen en la práctica.
- **Dependencia de la Beta**: La beta es una medida histórica y puede no reflejar con precisión el riesgo futuro del activo.
- **Modelo Lineal**: El CAPM asume una relación lineal entre riesgo y retorno, que puede no captar la complejidad de los mercados reales.

En resumen, el Modelo de Valoración de Activos de Capital (CAPM) es una herramienta clave en la teoría financiera que proporciona una forma de estimar el retorno esperado de un activo, considerando su riesgo sistemático en comparación con el mercado. Aunque el CAPM presenta ciertas limitaciones y depende de supuestos teóricos, sigue siendo ampliamente utilizado en la práctica para tomar decisiones de inversión y valorar activos.

2.3. Valoración por Múltiplos Financieros

La valoración por múltiplos financieros es un método de valoración que se basa en la comparación de ciertos indicadores financieros de una empresa con los de otras empresas similares en el mismo sector o industria. Este enfoque utiliza múltiplos, que son ratios financieros derivados de los estados financieros de la empresa, para estimar su valor de manera relativa. La simplicidad y la rapidez en la aplicación son las principales ventajas de este método, aunque también tiene limitaciones inherentes.

Conceptos Fundamentales de la Valoración por Múltiplos Financieros

1. **Múltiplos Financieros Comunes**

- **Múltiplo Precio/Beneficio (P/E):** Este múltiplo compara el precio de la acción de una empresa con su beneficio por acción (EPS). La fórmula es:

    P/E=Precio de la Acció´nBeneficio por Acció´nP/E=Beneficio por Acció´nPrecio de la Acció´n

Donde:

- o Precio de la Acción = Precio actual de la acción en el mercado
- o Beneficio por Acción = Beneficio neto dividido por el número de acciones en circulación

- **Múltiplo Precio/Valor Contable (P/B)**: Compara el precio de la acción con el valor contable por acción. La fórmula es:

$$P/B = \frac{\text{Precio de la Acción}}{\text{Valor Contable por Acción}}$$

Donde:

- o Valor Contable por Acción = Valor contable total (activos totales menos pasivos) dividido por el número de acciones en circulación

- **Múltiplo Precio/Ventas (P/S)**: Relaciona el precio de la acción con las ventas por acción. La fórmula es:

$$P/S = \frac{\text{Precio de la Acción}}{\text{Ventas por Acción}}$$

Donde:

- Ventas por Acción = Ventas totales divididas por el número de acciones en circulación
- **Múltiplo EV/EBITDA**: Compara el valor de la empresa (Enterprise Value, EV) con sus beneficios antes de intereses, impuestos, depreciación y amortización (EBITDA). La fórmula es:

$$EV/EBITDA = \frac{\text{Valor de la Empresa}}{\text{EBITDA}}$$

Donde:

- Valor de la Empresa = Capitalización bursátil más deuda neta (deuda total menos efectivo y equivalentes)

- EBITDA = Beneficios antes de intereses, impuestos, depreciación y amortización

- **Múltiplo EV/EBIT**: Relaciona el valor de la empresa con sus beneficios antes de intereses e impuestos. La fórmula es:

$$EV/EBIT = \frac{\text{Valor de la Empresa}}{EBIT}$$

Donde:

- EBIT = Beneficios antes de intereses e impuestos

2. **Proceso de Valoración por Múltiplos**

- **Selección de Múltiplos Apropiados**: El primer paso es elegir los múltiplos que mejor se adapten a la industria o sector en el que opera la empresa. Cada múltiplo tiene ventajas y desventajas según el tipo de empresa y su situación financiera.

- **Comparación con Empresas Comparables**: La empresa en cuestión se compara con otras empresas similares que operan en el mismo sector y tienen características similares. Los múltiplos de las empresas comparables proporcionan una referencia para estimar el valor de la empresa objetivo.

- **Cálculo del Valor**: Se calcula el valor de la empresa aplicando los múltiplos seleccionados a los indicadores financieros de la empresa objetivo. La fórmula general es:

$$\text{Valor de la Empresa} = \text{Múltiplo} \times \text{Indicador Financiero}$$

- **Ajustes y Consideraciones**: Es importante realizar ajustes para tener en cuenta diferencias específicas entre la empresa objetivo y las comparables, como diferencias en tamaño, crecimiento, rentabilidad, o riesgos específicos.

3. **Ventajas de la Valoración por Múltiplos**

- **Simplicidad y Rapidez**: La valoración por múltiplos es relativamente sencilla y rápida de aplicar en comparación con otros métodos más complejos, como el DCF.

- **Comparabilidad**: Permite comparar fácilmente empresas similares en el mismo sector, proporcionando una referencia de valoración basada en el mercado.

- **Información del Mercado**: Refleja la percepción del mercado sobre el valor de la empresa, ya que se basa en los múltiplos de empresas cotizadas.

4. **Desventajas de la Valoración por Múltiplos**

- **Dependencia de Datos del Mercado**: Los múltiplos se basan en precios de mercado, que pueden estar influenciados por factores especulativos y no siempre reflejan el valor intrínseco.

- **Limitación en el Ajuste de Diferencias**: No siempre captura las diferencias significativas entre la empresa objetivo y las empresas comparables, como variaciones en estrategias, modelos de negocio, o riesgos específicos.

- **Posible Falta de Precisión**: La valoración por múltiplos puede no considerar todas las características únicas de la empresa y puede ser menos precisa en industrias con alta variabilidad.

5. **Ejemplos Prácticos de Aplicación**

- **Valoración de Startups**: En etapas tempranas, cuando la información financiera puede ser limitada, los múltiplos basados en ventas o EBITDA pueden ser útiles para valorar startups.
- **Fusiones y Adquisiciones**: En transacciones de M&A, los múltiplos financieros proporcionan una referencia rápida para determinar el precio justo de compra.
- **Análisis Comparativo**: Los analistas utilizan múltiplos para evaluar si una acción está sobrevalorada o subvalorada en comparación con sus pares del sector.

Conclusión

La valoración por múltiplos financieros es una técnica útil y ampliamente utilizada en la valoración de empresas, especialmente por su simplicidad y la facilidad para comparar empresas similares. Aunque tiene limitaciones y puede ser menos precisa en comparación con métodos más detallados como el DCF, sigue siendo una herramienta valiosa para analistas e inversores, proporcionando una visión rápida del valor relativo de una empresa.

2.4. Modelo de Black-Scholes para Opciones

El Modelo de Black-Scholes, desarrollado por Fischer Black, Myron Scholes y Robert Merton en 1973, es uno de los modelos más influyentes y ampliamente utilizados para la valoración de opciones financieras. Este modelo proporciona una fórmula matemática para calcular el valor teórico de una opción de compra (call) o de venta (put) en función de varios factores clave. Su creación marcó un hito en el campo de las finanzas y permitió el desarrollo de mercados de opciones más eficientes.

Conceptos Fundamentales del Modelo de Black-Scholes

1. **Opciones Financieras**

Las opciones son contratos financieros que otorgan al titular el derecho, pero no la obligación, de comprar o vender un activo subyacente a un precio específico antes o en una fecha determinada. Existen dos tipos principales de opciones:

- **Opción de Compra (Call)**: Da al titular el derecho a comprar el activo subyacente a un precio de ejercicio específico.
- **Opción de Venta (Put)**: Da al titular el derecho a vender el activo subyacente a un precio de ejercicio específico.

2. **Fórmula de Black-Scholes**

La fórmula de Black-Scholes para valorar una opción de compra (call) es:

$$C = S_0 \cdot N(d_1) - K \cdot e^{-rT} \cdot N(d_2)$$

Donde:

- C = Precio de la opción de compra (call)
- S_0 = Precio actual del activo subyacente
- K = Precio de ejercicio (strike) de la opción
- T = Tiempo hasta el vencimiento de la opción (en años)
- r = Tasa libre de riesgo
- $N(\cdot)$ = Función de distribución acumulativa de la normal estándar

Los valores de d1d1 y d2d2 se calculan como:

$$d1 = \ln(S0/K) + (r+\sigma^2/2) \cdot T\sigma \cdot Td1 = \sigma \cdot T\ln(S0/K) + (r+\sigma^2/2) \cdot T$$

$$d2 = d1 - \sigma \cdot Td2 = d1 - \sigma \cdot T$$

Donde:

- $\sigma\sigma$ = Volatilidad del precio del activo subyacente

La fórmula para una opción de venta (put) es:

$$P = K \cdot e^{-rT} \cdot N(-d2) - S0 \cdot N(-d1) P = K \cdot e^{-rT} \cdot N(-d2) - S0 \cdot N(-d1)$$

Donde:

- PP = Precio de la opción de venta (put)

3. **Supuestos del Modelo de Black-Scholes**

El Modelo de Black-Scholes se basa en una serie de supuestos que simplifican la realidad pero son esenciales para el funcionamiento del modelo:

- **Mercados Eficientes**: Los precios de los activos siguen un proceso de caminata aleatoria y reflejan toda la información disponible.
- **Sin Arbitraje**: No existen oportunidades de arbitraje, es decir, no se pueden obtener ganancias sin riesgo con operaciones simultáneas.
- **Volatilidad Constante**: La volatilidad del precio del activo subyacente es constante durante la vida de la opción.
- **Tasa Libre de Riesgo Constante**: La tasa libre de riesgo es constante durante la vida de la opción.
- **Operaciones Continuas**: Es posible comprar y vender activos en cualquier momento sin restricciones.
- **Sin Dividendos**: El activo subyacente no paga dividendos durante la vida de la opción.

4. **Aplicaciones del Modelo de Black-Scholes**

- **Valoración de Opciones**: Permite calcular el precio teórico de opciones de compra y venta basadas en la información del mercado y las características del activo subyacente.

- **Cobertura y Gestión de Riesgos**: Ayuda en la creación de estrategias de cobertura (hedging) mediante la evaluación precisa del valor de las opciones.
- **Evaluación de Estrategias de Inversión**: Utilizado para valorar estrategias de opciones más complejas, como spreads y combinaciones.

5. **Ventajas del Modelo de Black-Scholes**

- **Precisión Matemática**: Ofrece una fórmula matemática precisa para valorar opciones bajo condiciones ideales.
- **Innovación**: Introdujo conceptos revolucionarios en la teoría financiera y permitió la creación de mercados de opciones más desarrollados.
- **Aplicabilidad**: Ha sido ampliamente adoptado y adaptado en la práctica financiera, proporcionando una base sólida para la valoración de opciones.

6. **Limitaciones del Modelo de Black-Scholes**

- **Supuestos Irrealistas**: Los supuestos del modelo, como la volatilidad constante y la ausencia de dividendos, no siempre se cumplen en la realidad del mercado.
- **Volatilidad Variable**: La volatilidad del mercado puede cambiar con el tiempo, lo que no se refleja en el modelo de Black-Scholes.
- **Riesgos del Modelo**: En mercados con alta incertidumbre o eventos extremos, el modelo puede no capturar adecuadamente los riesgos y precios de las opciones.

7. **Extensiones y Adaptaciones del Modelo**

- **Modelo de Black-Scholes Modificado**: Para opciones con dividendos, se puede ajustar la fórmula de Black-Scholes para tener en cuenta el impacto de los pagos de dividendos.
- **Modelos de Volatilidad Estocástica**: Modelos como el de Heston permiten que la volatilidad varíe con el tiempo, abordando algunas limitaciones del modelo original.
- **Modelos Binomiales**: Ofrecen una alternativa al modelo de Black-Scholes mediante un enfoque de árboles binomiales

que permite modelar opciones con características más complejas.

Conclusión

El Modelo de Black-Scholes ha sido una contribución fundamental a la teoría financiera, proporcionando una metodología robusta para valorar opciones financieras. Aunque se basa en una serie de supuestos que pueden no siempre reflejar las condiciones del mercado, su impacto en la valoración de opciones y en la práctica financiera es innegable. Las adaptaciones y extensiones del modelo continúan evolucionando para abordar sus limitaciones y mejorar su aplicabilidad en diferentes contextos de mercado.

2.5. Modelos de Árboles Binomiales y Trinomial

Los modelos de árboles binomiales y trinomial son métodos de valoración de opciones que ofrecen una alternativa flexible y poderosa al modelo de Black-Scholes. Estos modelos permiten valorar opciones de manera más general, incluyendo opciones con características complejas y escenarios en los que los supuestos del modelo Black-Scholes no se cumplen completamente.

Modelo de Árbol Binomial

El modelo de árboles binomiales, desarrollado por Cox, Ross y Rubinstein en 1979, es una técnica que utiliza un enfoque discreto para valorar opciones. Este modelo descompone el tiempo hasta el vencimiento de la opción en una serie de períodos pequeños, construyendo un árbol binomial de posibles precios del activo subyacente.

Conceptos Fundamentales del Modelo Binomial

1. **Construcción del Árbol Binomial**

- **Estructura del Árbol**: El árbol binomial es una representación gráfica que muestra todos los posibles precios futuros del activo subyacente en cada período. Cada nodo del árbol representa un posible precio del activo en un punto en el tiempo.

- **Movimientos del Precio**: En cada período, el precio del activo puede moverse hacia arriba (u) o hacia abajo (d). Los factores de subida (u) y bajada (d) determinan el cambio en el precio del activo en cada paso. Estos factores se pueden calcular usando la volatilidad del activo y el período de tiempo.

- **Probabilidades de Movimiento**: El modelo asume probabilidades de movimiento hacia arriba (pp) y hacia abajo (1−p1−p) en cada período, que se pueden calcular con base en la tasa libre de riesgo y los factores de movimiento.

2. **Valoración de la Opción**

- **Valor en los Nodos Finales**: Al final del árbol, se calcula el valor de la opción (call o put) en cada nodo final utilizando el precio del activo subyacente en esos nodos y el precio de ejercicio de la opción.

- **Descuento hacia Atrás**: El valor de la opción se calcula en cada nodo hacia atrás en el tiempo utilizando la fórmula de descuento. El valor en cada nodo es el valor presente esperado de los valores futuros en los nodos hijos, descontado a la tasa libre de riesgo.

- **Fórmula de Valoración:** El valor de la opción en un nodo intermedio es:

$$V = e^{-r \cdot \Delta t}[p \cdot V_{up} + (1-p) \cdot V_{down}]$$

Donde:

- V = Valor de la opción en el nodo actual
- V_{up} = Valor de la opción en el nodo hijo hacia arriba
- V_{down} = Valor de la opción en el nodo hijo hacia abajo
- $e^{-r \cdot \Delta t}$ = Factor de descuento, con r como la tasa libre de riesgo y Δt como el período de tiempo

Ventajas del Modelo Binomial

- **Flexibilidad**: Permite valorar opciones con características especiales, como opciones americanas que se pueden ejercer en cualquier momento antes del vencimiento.
- **Adaptabilidad**: Puede modelar cambios en la volatilidad y otros factores que afectan el valor de la opción.

Desventajas del Modelo Binomial

- **Complejidad Computacional**: A medida que aumenta el número de períodos en el árbol, la complejidad y el tiempo de cálculo aumentan significativamente.
- **Aproximación Discreta**: La aproximación discreta puede no captar todos los matices del comportamiento continuo del precio del activo subyacente.

Modelo de Árbol Trinomial

El modelo de árboles trinomial, desarrollado por Cox, Ross y Rubinstein en 1979 como una extensión del modelo binomial, agrega un nodo adicional en cada período. Esto crea tres posibles movimientos en lugar de dos: hacia arriba (u), hacia abajo (d) y hacia el centro (m), que representa la posibilidad de que el precio del activo permanezca sin cambios.

Conceptos Fundamentales del Modelo Trinomial

1. **Construcción del Árbol Trinomial**

- **Estructura del Árbol**: El árbol trinomial es una representación gráfica más detallada que muestra tres posibles precios futuros del activo en cada período: un aumento, una disminución o sin cambio.
- **Movimientos del Precio**: En cada período, el precio del activo puede moverse hacia arriba (uu), hacia abajo (dd), o mantenerse igual (mm). Los factores de movimiento se calculan en función de la volatilidad y el tiempo.
- **Probabilidades de Movimiento**: Se asignan probabilidades para cada uno de los tres posibles movimientos: pupu para el movimiento hacia arriba, pmpm para el movimiento hacia el centro y pdpd para el movimiento hacia abajo. Las probabilidades deben sumar 1.

2. **Valoración de la Opción**

- **Valor en los Nodos Finales**: Se calcula el valor de la opción en cada nodo final de manera similar al modelo binomial.
- **Descuento hacia Atrás**: El valor de la opción se calcula en cada nodo hacia atrás en el tiempo usando la fórmula de descuento. El valor en cada nodo es el valor presente esperado de los valores futuros en los nodos hijos, descontado a la tasa libre de riesgo.
- **Fórmula de Valoración**: El valor de la opción en un nodo intermedio es:

$$V = e^{-r \cdot \Delta t}[p_u \cdot V_{up} + p_m \cdot V_{middle} + p_d \cdot V_{down}]$$

Donde:

- V_{up} = Valor de la opción en el nodo hijo hacia arriba
- V_{middle} = Valor de la opción en el nodo hijo hacia el centro
- V_{down} = Valor de la opción en el nodo hijo hacia abajo

Ventajas del Modelo Trinomial

- **Mayor Precisión**: Ofrece una aproximación más precisa del comportamiento continuo del precio del activo subyacente al permitir tres posibles movimientos en cada período.
- **Flexibilidad Adicional**: También permite valorar opciones con características complejas, similares al modelo binomial.

Desventajas del Modelo Trinomial

- **Mayor Complejidad**: Aunque proporciona mayor precisión, la complejidad computacional aumenta debido al mayor número de nodos y cálculos necesarios.

Conclusión

Los modelos de árboles binomiales y trinomial proporcionan enfoques discretos para la valoración de opciones que son altamente flexibles y adaptables a diferentes características de opciones y condiciones del mercado. Mientras que el modelo binomial es útil por su simplicidad y facilidad de implementación, el modelo trinomial ofrece una mayor precisión al modelar el comportamiento continuo del precio del activo subyacente. Ambos modelos son valiosos en la práctica financiera y son ampliamente utilizados para la valoración y gestión de opciones financieras.

3.1. Precisión en Condiciones de Alta Incertidumbre

La valoración de operaciones financieras en condiciones de alta incertidumbre presenta desafíos significativos para los métodos tradicionales de valoración. La incertidumbre puede derivarse de una variedad de factores, incluyendo volatilidades extremas en los mercados, eventos económicos inesperados, o cambios abruptos en las condiciones macroeconómicas. A continuación, se exploran las limitaciones y desafíos que enfrentan los métodos de valoración actuales bajo estas condiciones.

1. Modelos de Flujos de Caja Descontados (DCF)

El método de Flujos de Caja Descontados (DCF) es ampliamente utilizado para valorar activos y empresas basándose en la estimación de flujos de caja futuros y su descuento al valor presente. Sin embargo, bajo condiciones de alta incertidumbre, las limitaciones son:

- **Estimaciones Inexactas**: En un entorno incierto, prever los flujos de caja futuros se vuelve extremadamente desafiante. Las proyecciones financieras pueden ser inexactas debido a la dificultad en anticipar cambios en el mercado, ingresos futuros y costos operativos.
- **Volatilidad del Descuento**: La tasa de descuento utilizada en el DCF puede ser afectada por cambios en la tasa libre de riesgo y en el riesgo país, que pueden variar considerablemente en tiempos de alta incertidumbre. Esto puede llevar a una valoración inexacta.
- **Sensibilidad a Supuestos**: Los resultados del modelo DCF son altamente sensibles a los supuestos sobre tasas de crecimiento, márgenes y tasas de descuento. En condiciones de alta incertidumbre, estos supuestos pueden volverse menos confiables y pueden afectar significativamente la precisión de la valoración.

2. Modelos Basados en el Capital de Activos (CAPM)

El CAPM es utilizado para estimar el rendimiento esperado de un activo basándose en su riesgo sistemático (beta). Las limitaciones en condiciones de alta incertidumbre incluyen:

- **Estimación de Beta**: La beta del activo, que mide su sensibilidad al mercado, puede ser inestable durante periodos de alta volatilidad. Los cambios en la beta pueden afectar la precisión de la estimación del rendimiento esperado.
- **Volatilidad del Mercado**: El CAPM asume una relación estable entre riesgo y retorno. Sin embargo, en condiciones de alta incertidumbre, los mercados pueden volverse más erráticos, y la relación esperada entre riesgo y retorno puede no ser consistente.
- **Supuestos de Mercado Eficiente**: El CAPM se basa en la premisa de mercados eficientes, que puede no mantenerse durante períodos de alta incertidumbre, afectando la validez del modelo.

3. Valoración por Múltiplos Financieros

La valoración por múltiplos financieros compara indicadores financieros clave con empresas similares. Las limitaciones en condiciones de alta incertidumbre incluyen:

- **Comparación Inexacta**: En tiempos de alta incertidumbre, encontrar empresas comparables puede ser difícil, ya que las condiciones del mercado pueden variar ampliamente entre las empresas. Esto puede llevar a comparaciones inexactas y valoraciones poco fiables.
- **Variabilidad de Múltiplos**: Los múltiplos financieros pueden ser extremadamente volátiles durante periodos de alta incertidumbre. Las fluctuaciones en el precio de las acciones y los beneficios pueden hacer que los múltiplos sean menos representativos del valor real.
- **Impacto de Factores No Financieros**: Las condiciones macroeconómicas, políticas y otros factores externos pueden influir en los múltiplos financieros, y estos factores pueden no estar reflejados en los múltiplos tradicionales.

4. Modelo de Black-Scholes para Opciones

El Modelo de Black-Scholes proporciona una fórmula para valorar opciones financieras, pero sus limitaciones bajo alta incertidumbre son:

- **Volatilidad Constante**: El modelo asume una volatilidad constante durante la vida de la opción, lo cual puede no ser realista en períodos de alta incertidumbre. La volatilidad del activo puede variar considerablemente, afectando el valor de la opción calculado por el modelo.

- **Supuestos del Modelo**: Los supuestos del modelo, como la ausencia de dividendos y la posibilidad de operar continuamente, pueden no sostenerse en tiempos de alta incertidumbre y pueden llevar a una valoración inexacta.

- **Sensibilidad a Eventos Inesperados**: El modelo de Black-Scholes no tiene en cuenta eventos extremos o choques inesperados en el mercado que pueden afectar drásticamente el precio del activo subyacente y, por ende, el valor de la opción.

5. Modelos de Árboles Binomiales y Trinomial

Los modelos de árboles binomiales y trinomial proporcionan una representación discreta del precio de los activos y opciones, pero enfrentan desafíos en condiciones de alta incertidumbre:

- **Complejidad del Árbol**: En situaciones de alta volatilidad, el árbol binomial o trinomial puede requerir un número extremadamente alto de nodos para capturar adecuadamente todos los posibles escenarios de precios, aumentando la complejidad y el tiempo de cálculo.

- **Precisión del Modelo**: Aunque los árboles binomiales y trinomial ofrecen flexibilidad, la precisión de la valoración puede verse afectada por la necesidad de ajustar los factores de movimiento y las probabilidades para reflejar adecuadamente la incertidumbre.

Conclusión

Las condiciones de alta incertidumbre presentan desafíos significativos para los métodos tradicionales de valoración de operaciones financieras. Los modelos de Flujos de Caja Descontados (DCF), CAPM, valoración por múltiplos, Black-Scholes y árboles binomiales/trinomial tienen limitaciones inherentes que pueden afectar su precisión bajo estas condiciones. La incertidumbre y la volatilidad pueden hacer que las estimaciones y supuestos sean menos confiables, y las metodologías actuales pueden necesitar ajustes o adaptaciones para mejorar su capacidad de manejar escenarios extremos y variables en constante cambio.

3.2. Complejidad Computacional

La complejidad computacional es una consideración crucial en la valoración de operaciones financieras, especialmente cuando se utilizan métodos que requieren cálculos extensos o detallados. A medida que los modelos de valoración se vuelven más sofisticados, la cantidad de recursos computacionales necesarios para ejecutar estos modelos puede aumentar significativamente. Esto puede afectar la eficiencia, la precisión y la viabilidad de los métodos de valoración en entornos prácticos. A continuación, se examinan las implicaciones de la complejidad computacional en varios métodos de valoración.

1. Modelos de Flujos de Caja Descontados (DCF)

El método de Flujos de Caja Descontados (DCF) implica calcular el valor presente de flujos de caja futuros esperados. La complejidad computacional de este método incluye:

- **Proyección de Flujos de Caja**: Requiere la estimación y proyección de flujos de caja futuros, que puede ser compleja si la empresa tiene múltiples líneas de negocio o variables cambiantes. La proyección precisa puede requerir modelos financieros detallados y datos extensivos.

- **Cálculo de Tasa de Descuento**: Determinar la tasa de descuento adecuada, especialmente en entornos de alta incertidumbre o con tasas variables, puede ser computacionalmente intensivo. La tasa puede necesitar ajustes frecuentes para reflejar las condiciones del mercado.

- **Sensibilidad y Análisis de Escenarios**: Realizar análisis de sensibilidad y escenarios para evaluar cómo los cambios en las variables afectan el valor presente puede ser intensivo en cálculos, especialmente si se exploran múltiples variables y escenarios.

2. Modelos Basados en el Capital de Activos (CAPM)

El CAPM estima el rendimiento esperado de un activo basándose en su riesgo sistemático. La complejidad computacional aquí incluye:

- **Cálculo de Beta**: La estimación precisa de la beta, que mide la sensibilidad del activo al mercado, requiere datos históricos extensivos y puede ser compleja si el activo tiene una beta inestable.

- **Estimación de Rentabilidad Esperada**: Integrar la rentabilidad esperada con la tasa libre de riesgo y el rendimiento esperado del mercado puede requerir cálculos adicionales, especialmente si se realizan ajustes para reflejar condiciones de mercado cambiantes.

- **Manejo de Datos Históricos**: El CAPM utiliza datos históricos para estimar parámetros. La recolección, procesamiento y análisis de grandes volúmenes de datos históricos puede ser computacionalmente exigente.

3. Valoración por Múltiplos Financieros

La valoración por múltiplos financieros es generalmente menos compleja que otros métodos, pero aún enfrenta desafíos:

- **Comparación de Empresas**: Requiere la recopilación y comparación de datos financieros de múltiples empresas comparables. Si hay muchas empresas en el grupo comparativo, la gestión y comparación de datos puede ser intensiva.

- **Ajustes de Múltiplos**: Los múltiplos pueden necesitar ajustes para reflejar diferencias entre empresas. Este proceso puede ser computacionalmente menos intensivo pero aún requiere análisis detallado.

- **Actualización de Datos**: Los múltiplos financieros deben actualizarse regularmente para reflejar las condiciones actuales del mercado, lo cual puede requerir cálculos frecuentes y la integración de nuevos datos.

4. Modelo de Black-Scholes para Opciones

El Modelo de Black-Scholes proporciona una fórmula para valorar opciones, pero presenta complejidad en los siguientes aspectos:

- **Cálculo de la Fórmula**: La fórmula de Black-Scholes es matemática y computacionalmente intensiva, especialmente para opciones con características adicionales como dividendos o volatilidad variable.

- **Ajustes y Extensiones**: La implementación de ajustes para dividendos, volatilidad estocástica o modelos alternativos puede incrementar la complejidad computacional.

- **Evaluación en Tiempo Real**: Valorar opciones en tiempo real o en mercados muy volátiles puede requerir cálculos continuos y ajustes rápidos, aumentando la demanda de recursos computacionales.

5. Modelos de Árboles Binomiales y Trinomial

Los modelos de árboles binomiales y trinomial permiten una valoración más flexible pero enfrentan desafíos en términos de complejidad computacional:

- **Estructura del Árbol**: La construcción y evaluación de árboles binomiales o trinomial, especialmente para opciones con muchas etapas o características complejas, puede ser intensiva en términos de memoria y tiempo de procesamiento.

- **Número de Nodos**: El número de nodos en el árbol crece exponencialmente con el número de períodos. Esto aumenta la complejidad computacional y puede llevar a requerimientos significativos de memoria y capacidad de procesamiento.

- **Cálculo hacia Atrás**: El proceso de descontar los valores hacia atrás desde los nodos finales hasta el nodo inicial requiere múltiples cálculos en cada etapa, lo que puede ser computacionalmente costoso.

Conclusión

La complejidad computacional es un factor clave en la valoración de operaciones financieras, especialmente cuando se utilizan métodos que requieren cálculos extensivos o detallados. Métodos como el DCF, CAPM, valoración por múltiplos, Black-Scholes y modelos de árboles binomiales/trinomial presentan diferentes niveles de complejidad que pueden afectar la eficiencia y precisión en la práctica. Los desafíos incluyen la necesidad de manejar grandes volúmenes de datos, realizar cálculos complejos y ajustar los modelos para reflejar condiciones cambiantes del mercado. A medida que los modelos se vuelven más sofisticados, la demanda de recursos computacionales puede aumentar, lo que requiere una consideración cuidadosa de las capacidades tecnológicas y los métodos de optimización disponibles.

1.1. Métodos Cuantitativos Avanzados

Los métodos cuantitativos avanzados en la valoración financiera han evolucionado significativamente en las últimas décadas, impulsados por el desarrollo de nuevas teorías, algoritmos y capacidades computacionales. Estos avances han permitido una mayor precisión en la valoración de activos y derivados financieros, así como una mejor gestión del riesgo. A continuación, se presentan algunos de los avances más destacados en este campo.

1. Modelos de Volatilidad Estocástica

Los modelos de volatilidad estocástica son una extensión importante del modelo de Black-Scholes, que asume una volatilidad constante. Estos modelos permiten que la volatilidad del activo subyacente cambie de manera estocástica a lo largo del tiempo, reflejando de manera más precisa las condiciones del mercado.

- **Modelo de Heston**: El modelo de volatilidad estocástica de Heston es uno de los más conocidos. Introduce una variable adicional para modelar la dinámica de la volatilidad, permitiendo que esta siga un proceso estocástico. Esto proporciona una mejor captura de las características observadas en los mercados financieros, como la volatilidad implícita que varía con el tiempo y el sesgo de volatilidad.
- **Modelos de Carga de Volatilidad**: Estos modelos buscan capturar la estructura de volatilidad en diferentes plazos y niveles de precios. Utilizan funciones específicas para ajustar la volatilidad en función del precio y el tiempo, mejorando la precisión en la valoración de opciones y otros derivados.

2. Métodos de Simulación de Monte Carlo

La simulación de Monte Carlo es una técnica poderosa que permite valorar activos y derivados mediante la generación de múltiples escenarios posibles del precio del activo subyacente. Esta técnica es particularmente útil para opciones complejas y para valorar instrumentos financieros en entornos de alta incertidumbre.

- **Simulación de Caminos de Precios**: Se generan múltiples caminos posibles para el precio del activo subyacente basándose en su proceso estocástico. Estos caminos se utilizan para calcular el valor esperado del activo o derivado, descontado a su valor presente.
- **Métodos de Reducción de Varianza**: Técnicas como la reducción de varianza se utilizan para aumentar la eficiencia de la simulación de Monte Carlo. Esto incluye métodos como el uso de variables controladoras y técnicas de estratificación para reducir el error en la estimación.

3. Modelos de Árboles Binomiales y Trinomial Mejorados

Aunque los modelos de árboles binomiales y trinomial son métodos tradicionales, los avances recientes han mejorado su capacidad para valorar opciones y otros derivados de manera más precisa y eficiente.

- **Árboles Adaptativos**: Se han desarrollado métodos para crear árboles binomiales y trinomial adaptativos que ajustan la estructura del árbol en función de la volatilidad del mercado y otras características. Esto mejora la precisión y la eficiencia computacional.

- **Árboles con Variables Estocásticas**: La incorporación de variables estocásticas en los árboles binomiales y trinomial permite modelar la volatilidad y otros factores de manera dinámica, lo que resulta en una valoración más realista de los derivados.

4. Métodos de Optimización y Machine Learning

La aplicación de técnicas de optimización y machine learning en la valoración financiera ha revolucionado el campo al permitir modelos más sofisticados y adaptativos.

- **Optimización de Parámetros**: Métodos de optimización avanzada, como la optimización por algoritmos genéticos y algoritmos de enjambre de partículas, se utilizan para ajustar los parámetros de los modelos de valoración de manera más eficiente.

- **Machine Learning**: Técnicas de aprendizaje automático, como redes neuronales y máquinas de soporte vectorial, se utilizan para modelar y predecir precios de activos y volatilidades. Estos métodos pueden aprender patrones complejos en los datos financieros y proporcionar predicciones más precisas.

- **Redes Neuronales y Deep Learning**: Las redes neuronales profundas y otros enfoques de deep learning se están utilizando para analizar grandes volúmenes de datos y mejorar las predicciones de valoraciones y riesgos. Estos métodos pueden identificar patrones y relaciones que no son evidentes en los modelos tradicionales.

5. Modelos de Riesgo de Crédito Avanzados

Los modelos de riesgo de crédito han evolucionado para abordar la complejidad y el riesgo asociado con los productos financieros derivados y los activos de crédito.

- **Modelos de Valor en Riesgo (VaR)**: Los modelos avanzados de VaR incorporan simulaciones y métodos de estimación para proporcionar una evaluación más precisa del riesgo de crédito.

- **Modelos de Default y Recuperación**: Métodos como los modelos de supervivencia y los modelos de estructura de capital se utilizan para evaluar el riesgo de default y la recuperación en caso de incumplimiento. Estos modelos mejoran la valoración de bonos y otros instrumentos de deuda.

6. Teoría de Juegos y Estrategias Óptimas

La teoría de juegos se ha aplicado a la valoración de estrategias complejas en mercados financieros, como la gestión de carteras y la cobertura de riesgos.

- **Equilibrio de Nash y Estrategias Óptimas**: La teoría de juegos se utiliza para identificar estrategias óptimas en situaciones de competencia y cooperación en los mercados financieros. Esto incluye la valoración de estrategias de cobertura y la optimización de carteras.

- **Modelos de Decisión Dinámica**: La teoría de juegos y la programación dinámica se utilizan para modelar decisiones en entornos dinámicos y estocásticos, mejorando la capacidad para valorar productos financieros complejos y gestionar el riesgo.

Conclusión

Los avances recientes en métodos cuantitativos han ampliado significativamente las capacidades de valoración en finanzas, permitiendo una evaluación más precisa y adaptativa de activos y derivados financieros. Desde modelos de volatilidad estocástica y simulación de Monte Carlo hasta técnicas avanzadas de machine learning y teoría de juegos, estos desarrollos han mejorado la precisión y eficiencia en la valoración financiera. A medida que la tecnología y la teoría continúan evolucionando, es probable que surjan nuevas metodologías y herramientas que permitirán una valoración aún más sofisticada y ajustada a las condiciones del mercado.

1.2. Aplicaciones de Inteligencia Artificial y Machine Learning

La Inteligencia Artificial (IA) y el Machine Learning (ML) han revolucionado la valoración financiera al proporcionar herramientas avanzadas para el análisis y la predicción de precios de activos, la gestión del riesgo y la toma de decisiones. Estas tecnologías ofrecen capacidades mejoradas para manejar grandes volúmenes de datos, identificar patrones complejos y realizar predicciones más precisas. A continuación, se exploran algunas de las principales aplicaciones de IA y ML en la valoración financiera.

1. Predicción de Precios de Activos

Los modelos de IA y ML se utilizan para predecir los precios futuros de activos financieros mediante el análisis de grandes cantidades de datos históricos y en tiempo real.

- **Redes Neuronales Artificiales (ANN):** Las redes neuronales, incluyendo las redes neuronales profundas (Deep Learning), son utilizadas para modelar y prever precios de activos financieros. Estas redes pueden aprender patrones complejos en datos históricos y hacer predicciones basadas en múltiples factores, como precios históricos, volumen de transacciones y variables económicas.

- **Modelos de Regresión Avanzada:** Los algoritmos de regresión múltiple, como la regresión Ridge y Lasso, se utilizan para identificar y cuantificar las relaciones entre el precio del activo y sus determinantes. Estos modelos pueden ajustarse dinámicamente a las condiciones del mercado para mejorar la precisión de las predicciones.

- **Máquinas de Soporte Vectorial (SVM):** Las SVM se utilizan para clasificación y regresión en problemas financieros. Son efectivas para prever tendencias y cambios en los precios al identificar los límites de decisión óptimos en espacios de características complejos.

2. Análisis de Sentimientos

El análisis de sentimientos utiliza técnicas de procesamiento del lenguaje natural (NLP) para evaluar el sentimiento del mercado a partir de datos no estructurados, como noticias financieras, informes y redes sociales.

- **Modelos de NLP**: Algoritmos de NLP, como los basados en transformadores (por ejemplo, BERT, GPT), se utilizan para extraer y analizar el sentimiento expresado en textos financieros. Estos modelos pueden identificar tendencias y sentimientos que afectan los precios de los activos y ayudar en la toma de decisiones de inversión.
- **Análisis de Opiniones**: Técnicas de análisis de opiniones se aplican para evaluar la percepción pública de empresas o activos. El análisis de opiniones puede proporcionar señales adicionales sobre el desempeño futuro y la dirección del mercado.

3. Optimización de Carteras

La IA y el ML mejoran la optimización de carteras mediante el análisis de grandes volúmenes de datos y la identificación de patrones complejos en los rendimientos de los activos.

- **Algoritmos Evolutivos**: Los algoritmos evolutivos, como los algoritmos genéticos, se utilizan para optimizar la asignación de activos en una cartera. Estos algoritmos simulan el proceso de selección natural para encontrar la combinación óptima de activos que maximiza el rendimiento esperado y minimiza el riesgo.
- **Redes Neuronales para la Optimización**: Las redes neuronales se utilizan para modelar y optimizar carteras mediante la identificación de relaciones no lineales entre activos y la optimización de estrategias de inversión.

4. Gestión del Riesgo

La IA y el ML ofrecen herramientas avanzadas para la gestión del riesgo, permitiendo una evaluación y mitigación más efectiva de los riesgos financieros.

- **Modelos de Riesgo de Crédito**: Algoritmos de ML, como los árboles de decisión y las redes neuronales, se utilizan para evaluar la probabilidad de incumplimiento y el riesgo de crédito. Estos modelos analizan datos históricos de crédito, comportamiento de pago y características del prestatario para predecir el riesgo de crédito.

- **Modelos de Value at Risk (VaR)**: La simulación de Monte Carlo y los modelos basados en IA se utilizan para calcular el Value at Risk (VaR) y otros indicadores de riesgo. Estos modelos permiten una evaluación más precisa del riesgo en diferentes escenarios y condiciones del mercado.

5. Trading Algorítmico

El trading algorítmico utiliza algoritmos de IA y ML para realizar transacciones financieras automáticamente basándose en estrategias predefinidas y señales del mercado.

- **Algoritmos de Trading Basados en IA**: Los algoritmos de trading basados en IA analizan datos de mercado en tiempo real y ejecutan operaciones según estrategias predefinidas.

Estos algoritmos pueden adaptarse a las condiciones cambiantes del mercado y realizar operaciones de alta frecuencia.

- **Estrategias de Trading Adaptativas**: Los algoritmos adaptativos utilizan técnicas de ML para ajustar y optimizar estrategias de trading en función de la evolución del mercado y los datos históricos. Esto permite a los traders automatizar y optimizar sus estrategias de inversión.

6. Análisis de Datos Alternativos

La IA y el ML permiten el análisis de datos alternativos para obtener información adicional sobre el desempeño financiero y las condiciones del mercado.

- **Análisis de Datos Alternativos**: Los modelos de IA analizan datos alternativos, como datos de satélite, datos de redes sociales y datos de sensores, para obtener información adicional que puede afectar los precios de los activos y el desempeño financiero.

- **Integración de Datos Estructurados y No Estructurados**: La integración de datos estructurados (como datos financieros) y no estructurados (como noticias y opiniones) proporciona una visión más completa y precisa del mercado y de los activos financieros.

Conclusión

La aplicación de IA y ML en la valoración financiera ha transformado el campo, proporcionando herramientas avanzadas para la predicción de precios, el análisis de sentimientos, la optimización de carteras, la gestión del riesgo, el trading algorítmico y el análisis de datos alternativos. Estas tecnologías ofrecen una capacidad mejorada para manejar grandes volúmenes de datos, identificar patrones complejos y realizar predicciones más precisas, lo que permite una toma de decisiones más informada y una gestión del riesgo más efectiva. A medida que la tecnología continúa avanzando, es probable que surjan nuevas aplicaciones y metodologías que seguirán mejorando la precisión y eficiencia en la valoración financiera.

2.1. Eficiencia y Precisión en Diferentes Contextos Financieros

La comparación entre modelos tradicionales y emergentes en la valoración financiera revela diferencias clave en términos de eficiencia y precisión, dependiendo del contexto financiero específico. A continuación, se examinan estas diferencias en relación con varios contextos financieros, destacando cómo cada tipo de modelo maneja la complejidad, el riesgo y la incertidumbre en diferentes situaciones.

1. Contexto de Estabilidad del Mercado

Modelos Tradicionales:

- **Flujos de Caja Descontados (DCF):** En un entorno de estabilidad del mercado, los modelos DCF pueden ser altamente precisos y eficientes. La previsión de flujos de caja futuros y la aplicación de una tasa de descuento estable proporcionan valoraciones razonablemente precisas. La simplicidad del modelo DCF permite una implementación directa cuando las condiciones económicas y de mercado son estables.

- **CAPM**: El Capital Asset Pricing Model (CAPM) también se desempeña bien en mercados estables al proporcionar estimaciones claras del rendimiento esperado en función del riesgo sistemático. La premisa de un mercado eficiente y la estabilidad de las tasas de interés contribuyen a la precisión del modelo.

Modelos Emergentes:

- **Redes Neuronales y Machine Learning**: En un mercado estable, los modelos de machine learning pueden ofrecer una precisión adicional al identificar patrones subyacentes en grandes volúmenes de datos. Aunque su complejidad puede ser mayor, la capacidad para aprender y ajustar los modelos puede mejorar la precisión de las predicciones.
- **Modelos de Volatilidad Estocástica**: Estos modelos también pueden ser efectivos en mercados estables al proporcionar una visión más detallada de las fluctuaciones en

la volatilidad y permitir una valoración más precisa de opciones y otros derivados.

2. Contexto de Alta Volatilidad

Modelos Tradicionales:

- **Flujos de Caja Descontados (DCF)**: En un entorno de alta volatilidad, los modelos DCF enfrentan desafíos significativos. La estimación de flujos de caja futuros y la determinación de una tasa de descuento adecuada pueden ser difíciles debido a la incertidumbre en las proyecciones y la fluctuación en las tasas de interés.
- **CAPM**: El CAPM puede ser menos efectivo en contextos de alta volatilidad debido a su premisa de riesgo sistemático constante. La volatilidad extrema puede afectar la estabilidad de la beta y las proyecciones de rendimiento.

Modelos Emergentes:

- **Simulación de Monte Carlo**: Los métodos de simulación de Monte Carlo son particularmente útiles en entornos de alta volatilidad al modelar múltiples escenarios posibles y evaluar el impacto de la incertidumbre en la valoración de activos y derivados.

- **Modelos de Volatilidad Estocástica**: Estos modelos son adecuados para entornos de alta volatilidad al permitir la variación dinámica de la volatilidad y proporcionar una mejor captura de las fluctuaciones del mercado.

3. Contexto de Información Limitada

Modelos Tradicionales:

- **Valoración por Múltiplos Financieros**: En situaciones donde hay información limitada, los múltiplos financieros pueden proporcionar valoraciones rápidas basadas en datos comparables de empresas similares. Aunque no capturan todas las características únicas de una empresa, pueden ofrecer una estimación razonable en ausencia de datos detallados.

- **Modelo de Black-Scholes**: Este modelo puede ser útil para la valoración de opciones cuando hay información limitada sobre el comportamiento futuro del activo subyacente, siempre y cuando se pueda estimar razonablemente la volatilidad y otros parámetros.

Modelos Emergentes:

- **Análisis de Sentimientos y NLP:** En contextos con información limitada, el análisis de sentimientos y el procesamiento del lenguaje natural (NLP) pueden proporcionar información adicional a partir de datos no estructurados, como noticias y redes sociales. Estos métodos pueden ofrecer una visión más amplia del contexto del mercado y las percepciones de los inversores.

- **Machine Learning para Datos Alternativos:** Los modelos de machine learning pueden integrar datos alternativos y no estructurados para mejorar la valoración en situaciones donde los datos tradicionales son escasos. Estos modelos pueden aprender de fuentes variadas para proporcionar una valoración más completa.

4. Contexto de Productos Financieros Complejos

Modelos Tradicionales:

- **Árboles Binomiales y Trinomial**: Estos modelos proporcionan una forma flexible de valorar opciones y productos derivados complejos, pero pueden enfrentarse a limitaciones en términos de precisión y eficiencia cuando se trata de productos con características complicadas o múltiples variables.

- **Modelos de Valor en Riesgo (VaR)**: Aunque efectivos para evaluar riesgos en contextos de productos financieros complejos, los modelos tradicionales de VaR pueden ser menos precisos en capturar eventos extremos y volatilidades inesperadas.

Modelos Emergentes:

- **Modelos de Machine Learning**: Los modelos de machine learning, como las redes neuronales profundas y los algoritmos de optimización, pueden manejar la complejidad de productos financieros avanzados al identificar patrones complejos y realizar ajustes dinámicos basados en datos históricos y en tiempo real.

- **Modelos de Volatilidad Estocástica y Simulación Avanzada**: Estos modelos permiten una valoración más precisa de productos financieros complejos al capturar la dinámica de la volatilidad y manejar múltiples variables y escenarios en el análisis.

Conclusión

La eficiencia y precisión de los modelos tradicionales y emergentes en la valoración financiera dependen significativamente del contexto específico. Los modelos tradicionales, como el DCF y el CAPM, son efectivos en entornos de estabilidad del mercado y cuando la información es completa. Sin embargo, en contextos de alta volatilidad, información limitada o productos financieros complejos, los modelos emergentes, como los basados en machine learning y los modelos de volatilidad estocástica, ofrecen ventajas adicionales al manejar la complejidad y la incertidumbre de manera más efectiva. La selección del modelo adecuado debe considerar las características específicas del contexto financiero y los requisitos de precisión y eficiencia de la valoración.

1.1. Principios Teóricos del Sistema Propuesto

El diseño del nuevo sistema de valoración propuesto se basa en una integración de principios teóricos avanzados que combinan elementos de modelos tradicionales y emergentes. Estos principios están orientados a mejorar la precisión, la eficiencia y la adaptabilidad en la valoración de operaciones financieras. A continuación, se detallan los principios teóricos fundamentales que guían el desarrollo del nuevo sistema.

1. Teoría de la Valoración de Activos Financieros

Integración de Modelos Clásicos y Modernos:

- **Modelos de Descuento de Flujos de Caja (DCF)**: El sistema propuesto incorpora los fundamentos del DCF, ajustando la tasa de descuento y los flujos de caja futuros para reflejar de manera más precisa las condiciones del mercado y la incertidumbre. La integración permite una base sólida para la valoración de activos tradicionales.

- **Modelos de Volatilidad Estocástica**: Incorporando modelos de volatilidad estocástica, el sistema mejora la capacidad para valorar opciones y derivados en condiciones de volatilidad cambiante. Estos modelos capturan mejor las fluctuaciones del mercado y proporcionan una valoración más precisa.

2. Adaptabilidad y Dinamismo

Modelos Dinámicos y Adaptativos:

- **Machine Learning y Datos Alternativos**: El nuevo sistema utiliza técnicas de machine learning para adaptar el modelo a condiciones cambiantes del mercado y para integrar datos alternativos, como noticias y análisis de sentimientos. Esto permite que el sistema ajuste sus predicciones y valoraciones en tiempo real, mejorando la precisión en un entorno dinámico.

- **Optimización Dinámica**: La capacidad del sistema para ajustar parámetros y estrategias en función de nuevas informaciones y cambios en el mercado se basa en principios de optimización dinámica. Esto asegura que las valoraciones reflejen las condiciones actuales y las expectativas futuras de manera más efectiva.

3. Manejo de Incertidumbre y Riesgo

Enfoques Avanzados en la Gestión del Riesgo:

- **Simulación de Monte Carlo**: La metodología de Monte Carlo se aplica para modelar escenarios de riesgo y evaluar la probabilidad de diferentes resultados. Este enfoque permite una evaluación más completa del riesgo asociado con los activos financieros, proporcionando una imagen más clara de la posible variabilidad en los resultados.
- **Modelos de Valor en Riesgo (VaR)**: El sistema incorpora modelos avanzados de VaR para medir y gestionar el riesgo de manera efectiva. Esto incluye la evaluación de riesgos en

condiciones extremas y la identificación de posibles pérdidas en diferentes escenarios.

4. Eficiencia Computacional y Escalabilidad

Optimización Computacional:

- **Algoritmos de Optimización Avanzada**: El sistema utiliza algoritmos de optimización avanzados, como los algoritmos genéticos y las técnicas de enjambre de partículas, para mejorar la eficiencia computacional. Esto permite realizar cálculos complejos de manera más rápida y eficiente.

- **Arquitectura Escalable**: El diseño del sistema se basa en una arquitectura escalable que puede manejar grandes volúmenes de datos y ajustar su capacidad en función de la demanda. Esto asegura que el sistema pueda adaptarse a diferentes tamaños de datos y niveles de complejidad.

5. Integración de Datos Estructurados y No Estructurados

Manejo Integral de Datos:

- **Procesamiento de Datos Estructurados**: El sistema maneja datos financieros tradicionales, como precios de activos y estados financieros, utilizando métodos de valoración clásicos y avanzados. La integración de estos datos asegura que las valoraciones se basen en información sólida y confiable.

- **Procesamiento de Datos No Estructurados**: El sistema también integra datos no estructurados, como noticias financieras y análisis de sentimientos, mediante técnicas de procesamiento del lenguaje natural (NLP). Esto permite una comprensión más profunda del contexto del mercado y de los factores que afectan la valoración.

6. Teoría de Juegos y Estrategias Óptimas

Aplicación de Teoría de Juegos:

- **Estrategias Óptimas y Equilibrio de Nash**: La teoría de juegos se aplica para identificar estrategias óptimas en la valoración de activos y en la toma de decisiones financieras. Esto incluye la evaluación de estrategias de cobertura y la optimización de carteras en función de las interacciones y competiciones en el mercado.

Programación Dinámica y Decisiones en Entornos Estocásticos:

- **Optimización de Decisiones**: El sistema utiliza principios de programación dinámica para optimizar decisiones en entornos estocásticos, permitiendo una valoración precisa de productos financieros complejos y la gestión efectiva del riesgo.

Conclusión

Los principios teóricos del sistema propuesto se basan en una combinación de modelos clásicos y emergentes para proporcionar una valoración financiera más precisa, eficiente y adaptable. La integración de métodos avanzados, como el machine learning, la simulación de Monte Carlo y el procesamiento de datos no estructurados, permite una evaluación más completa y dinámica de los activos financieros. La capacidad del sistema para adaptarse a condiciones cambiantes y manejar grandes volúmenes de datos asegura que las valoraciones reflejen de manera efectiva las realidades del mercado y las expectativas futuras.

2.1. Algoritmos y Técnicas de Optimización

En el diseño del nuevo sistema de valoración financiera, se utilizan diversos algoritmos y técnicas de optimización para mejorar la precisión, la eficiencia y la adaptabilidad del modelo. Estos métodos permiten ajustar parámetros, optimizar estrategias y manejar la complejidad en la valoración de activos y derivados. A continuación, se describen las principales técnicas y algoritmos utilizados en el sistema.

1. Algoritmos de Optimización Clásica

Programación Lineal y No Lineal:

- **Programación Lineal**: Utilizada para problemas donde las relaciones entre variables son lineales. La programación lineal es eficaz para optimizar carteras de inversión bajo restricciones lineales, como límites en la proporción de activos o en el riesgo total.

- **Programación No Lineal**: Aplicada cuando las relaciones entre variables no son lineales. Esta técnica se utiliza para optimizar modelos de valoración de opciones y derivados, donde la relación entre los parámetros del modelo puede ser compleja.

Método del Gradiente:

- **Descenso de Gradiente**: Un método iterativo utilizado para encontrar el mínimo de una función de coste ajustando los parámetros del modelo en la dirección opuesta al gradiente. Este método es útil para ajustar modelos de machine learning y para calibrar modelos de valoración en función de los datos históricos.

Método de Newton-Raphson:

- **Optimización de Funciones No Lineales**: Este método de aproximación se utiliza para encontrar las raíces de funciones no lineales, siendo especialmente útil para calibrar modelos complejos donde se requiere una alta precisión en la estimación de parámetros.

2. Algoritmos Evolutivos

Algoritmos Genéticos:

- **Selección Natural Simulada**: Los algoritmos genéticos simulan el proceso de selección natural para optimizar problemas complejos. Estos algoritmos son útiles para la optimización de carteras, la valoración de opciones con múltiples parámetros y la identificación de estrategias de inversión óptimas.

- **Operadores Genéticos**: Incluyen la selección, el cruce (crossover) y la mutación para explorar el espacio de soluciones de manera efectiva y encontrar la mejor solución posible para problemas de optimización complejos.

Algoritmos de Enjambre de Partículas:

- **Optimización Basada en el Comportamiento Colectivo**: Este algoritmo simula el comportamiento colectivo de un grupo de partículas para encontrar soluciones óptimas. Se utiliza para problemas de optimización global, como la calibración de modelos y la gestión del riesgo en carteras de inversión.

3. Métodos de Optimización Heurística

Algoritmos de Búsqueda Aleatoria:

- **Optimización de Espacios Complejos**: La búsqueda aleatoria se utiliza para explorar espacios de soluciones complejos y encontrar buenas soluciones en problemas de optimización donde las técnicas exactas pueden ser imprácticas o ineficaces.

Recocido Simulado (Simulated Annealing):

- **Enfriamiento Controlado**: Este método se basa en el proceso de enfriamiento lento para encontrar soluciones óptimas en problemas de optimización combinatoria. Es útil para optimizar funciones de coste con múltiples óptimos locales.

4. Algoritmos de Machine Learning para Optimización

Redes Neuronales Artificiales:

- **Redes Neuronales Profundas**: Utilizadas para modelar relaciones complejas y ajustar parámetros en función de grandes volúmenes de datos. Las redes neuronales pueden mejorar la precisión de las valoraciones y optimizar estrategias de inversión al aprender patrones complejos.

Algoritmos de Optimización de Hiperparámetros:

- **Búsqueda en Cuadrícula y Aleatoria**: Estas técnicas se utilizan para ajustar los hiperparámetros de los modelos de machine learning, mejorando el rendimiento del modelo y la precisión en la valoración.

Optimización Basada en Gradiente:

- **Algoritmos de Optimización Estocástica**: Técnicas como el algoritmo de descenso de gradiente estocástico (SGD) se utilizan para optimizar modelos de machine learning, ajustando los parámetros del modelo para minimizar la función de pérdida y mejorar la precisión de las predicciones.

5. Simulación y Análisis de Escenarios

Simulación de Monte Carlo:

- **Generación de Escenarios**: La simulación de Monte Carlo se utiliza para modelar y evaluar múltiples escenarios posibles en la valoración de activos y la gestión del riesgo. Permite estimar la probabilidad de diferentes resultados y evaluar el impacto de la incertidumbre en las valoraciones.

Análisis de Sensibilidad:

- **Evaluación del Impacto de Parámetros**: El análisis de sensibilidad evalúa cómo los cambios en los parámetros del modelo afectan las valoraciones y los resultados. Esto ayuda a identificar los parámetros más críticos y a ajustar el modelo para mejorar la precisión y la robustez.

Conclusión

La combinación de algoritmos y técnicas de optimización en el nuevo sistema de valoración proporciona una base sólida para manejar la complejidad y la incertidumbre en la valoración de activos financieros. Los métodos clásicos, como la programación lineal y no lineal, se utilizan en conjunto con técnicas avanzadas, como los algoritmos genéticos y el machine learning, para mejorar la precisión y la eficiencia del sistema. La capacidad para integrar simulación y análisis de escenarios permite una evaluación más completa y dinámica de los activos y el riesgo, asegurando que el sistema pueda adaptarse a diferentes condiciones del mercado y proporcionar valoraciones precisas y efectivas.

2.2. Métodos Estocásticos y Simulaciones de Monte Carlo

Los métodos estocásticos y las simulaciones de Monte Carlo son herramientas fundamentales en el diseño del nuevo sistema de valoración financiera, especialmente cuando se trata de modelar incertidumbre y evaluar el riesgo en contextos complejos. Estos métodos permiten una evaluación detallada de escenarios futuros, la gestión de riesgos y la optimización en presencia de incertidumbre. A continuación, se describen en detalle los métodos estocásticos y las simulaciones de Monte Carlo, destacando su aplicación en el sistema de valoración propuesto.

1. Métodos Estocásticos

Los métodos estocásticos se basan en la teoría de probabilidades y se utilizan para modelar sistemas que evolucionan con el tiempo bajo incertidumbre. Estos métodos son esenciales para capturar la naturaleza aleatoria de los mercados financieros y para realizar valoraciones precisas de activos y derivados.

Modelos de Procesos Estocásticos:

- **Movimiento Browniano Geométrico (GBM):** Utilizado en la valoración de opciones y otros derivados financieros, el GBM modela la evolución del precio de un activo con una tendencia logarítmica y una volatilidad constante. Este modelo es la base del famoso modelo de Black-Scholes para la valoración de opciones.
- **Procesos de Lévy y Modelos de Volatilidad Estocástica:** Estos modelos permiten capturar movimientos de precios más complejos que el GBM, como los saltos discontinuos y la volatilidad cambiante. Son útiles para

valorar activos en mercados con alta volatilidad o eventos inesperados.

Cadenas de Markov:

- **Modelos de Cadena de Markov:** Utilizados para modelar el comportamiento futuro de un sistema en función de su estado actual, sin considerar el pasado. En finanzas, las cadenas de Markov pueden modelar la transición entre diferentes estados del mercado o niveles de riesgo.

Ecuaciones Diferenciales Estocásticas (SDE):

- **SDE en la Valoración Financiera:** Las SDE se utilizan para modelar la evolución de precios de activos y tasas de interés. Estos modelos permiten incorporar la aleatoriedad en los precios y los rendimientos, proporcionando una representación más realista del comportamiento del mercado.

2. Simulaciones de Monte Carlo

Las simulaciones de Monte Carlo son una técnica poderosa para evaluar el impacto de la incertidumbre y la variabilidad en las valoraciones financieras. Utilizan métodos estadísticos para generar múltiples escenarios posibles y calcular resultados probabilísticos.

Principios Básicos de la Simulación de Monte Carlo:

- **Generación de Escenarios Aleatorios:** La simulación de Monte Carlo genera un gran número de trayectorias posibles para el comportamiento futuro de un activo o portafolio, utilizando métodos estocásticos para capturar la aleatoriedad en los datos.

- **Evaluación de Resultados:** Se calculan medidas estadísticas, como el valor esperado, la desviación estándar y percentiles, para evaluar el impacto de diferentes escenarios y determinar las probabilidades asociadas con diversos resultados.

Aplicaciones en la Valoración Financiera:

- **Valoración de Opciones y Derivados:** La simulación de Monte Carlo se utiliza para valorar opciones y otros derivados financieros al modelar la evolución del precio del activo subyacente y calcular el valor esperado del pago del derivado en función de múltiples trayectorias simuladas.

- **Análisis de Riesgo y Valor en Riesgo (VaR):** Se utiliza para estimar el riesgo de pérdidas en carteras de inversión mediante la simulación de escenarios de mercado y la evaluación de la distribución de las pérdidas y ganancias.

- **Optimización de Carteras:** La simulación de Monte Carlo ayuda en la optimización de carteras al evaluar diferentes combinaciones de activos y sus rendimientos esperados en múltiples escenarios simulados, permitiendo encontrar la mezcla óptima de activos que maximiza el rendimiento y minimiza el riesgo.

Métodos Avanzados en Simulación de Monte Carlo:

- **Reducción de Varianza:** Técnicas como el muestreo estratificado y la importancia de muestreo se utilizan para reducir la varianza en las estimaciones de Monte Carlo, mejorando la precisión y eficiencia de las simulaciones.

- **Simulación Basada en Sobremuestreo:** Se emplean técnicas avanzadas para generar escenarios que representan mejor eventos raros o extremos, lo que es especialmente útil para la evaluación de riesgos extremos y eventos financieros poco frecuentes.

3. Integración en el Sistema de Valoración Propuesto

Modelado Dinámico:

- **Simulación Dinámica:** El sistema de valoración propuesto integra simulaciones de Monte Carlo para modelar dinámicamente la evolución de precios y riesgos en función de datos históricos y proyecciones futuras. Esto permite una valoración más precisa en condiciones de incertidumbre y volatilidad.

Evaluación y Gestión del Riesgo:

- **Análisis de Sensibilidad y Estrés:** Utilizando métodos estocásticos y simulaciones de Monte Carlo, el sistema evalúa la sensibilidad de las valoraciones a cambios en los parámetros y realiza análisis de estrés para identificar posibles vulnerabilidades en la cartera o en las valoraciones.

Optimización y Estrategias de Inversión:

- **Optimización Basada en Simulaciones:** Las técnicas de optimización combinadas con simulaciones de Monte Carlo permiten ajustar estrategias de inversión y optimizar carteras en función de resultados probabilísticos, mejorando la toma de decisiones y la gestión de riesgos.

Conclusión

Los métodos estocásticos y las simulaciones de Monte Carlo son fundamentales en el nuevo sistema de valoración financiera para modelar la incertidumbre, evaluar el riesgo y optimizar estrategias en contextos complejos. La aplicación de procesos estocásticos, cadenas de Markov, y ecuaciones diferenciales estocásticas permite una representación realista del comportamiento del mercado. Las simulaciones de Monte Carlo proporcionan una evaluación detallada de escenarios futuros, permitiendo una valoración precisa y una gestión efectiva del riesgo. La integración de estos métodos en el sistema de valoración asegura una comprensión completa de las incertidumbres y una toma de decisiones más informada en el entorno financiero.

3.1. Ecuaciones y Fórmulas

En el desarrollo del nuevo sistema de valoración financiera, se utilizan una variedad de ecuaciones y fórmulas matemáticas para modelar el comportamiento de activos, gestionar riesgos y optimizar estrategias de inversión. Estas ecuaciones y fórmulas se basan en principios teóricos avanzados y técnicas matemáticas para proporcionar valoraciones precisas y eficaces. A continuación, se detallan algunas de las ecuaciones y fórmulas clave utilizadas en el sistema.

1. Modelos de Valoración de Activos

Ecuación de Black-Scholes para Opciones Europeas: La fórmula de Black-Scholes se utiliza para valorar opciones europeas, que solo pueden ser ejercidas en la fecha de vencimiento. La ecuación es:

$$C = S_0 N(d_1) - X e^{-rT} N(d_2)$$

donde:

- C = Precio de la opción de compra (call)
- S_0 = Precio actual del activo subyacente
- X = Precio de ejercicio (strike price)
- r = Tasa de interés libre de riesgo
- T = Tiempo hasta el vencimiento (en años)
- $N(d)$ = Función de distribución acumulativa de una variable normal estándar
- $d_1 = \dfrac{\ln(S_0/X) + (r + \sigma^2/2)T}{\sigma\sqrt{T}}$
- $d_2 = d_1 - \sigma\sqrt{T}$
- σ = Volatilidad del activo subyacente

Modelo de Valoración de Opciones de Black-Scholes para Opciones de Venta (Put):

$$P = X e^{-rT} N(-d_2) - S_0 N(-d_1)$$

donde P es el precio de la opción de venta (put).

2. Modelos de Riesgo y Retorno

Modelo de Valor en Riesgo (VaR): El VaR mide la pérdida máxima esperada en un portafolio durante un período específico con un nivel de confianza dado. La fórmula general es:

$$VaR_\alpha = -(Media + \sigma Z_\alpha)$$

donde:

- VaR_α = Valor en Riesgo al nivel de confianza α
- $Media$ = Media de los rendimientos del portafolio
- σ = Desviación estándar de los rendimientos del portafolio
- Z_α = Cuantil de la distribución normal estándar correspondiente al nivel de confianza α

Modelo de Capital Asset Pricing Model (CAPM): El CAPM se utiliza para estimar el rendimiento esperado de un activo en función de su riesgo sistemático. La fórmula es:

$$E(R_i) = R_f + \beta_i(E(R_m) - R_f)$$

donde:

- $E(R_i)$ = Rendimiento esperado del activo i
- R_f = Tasa libre de riesgo
- β_i = Beta del activo i, que mide su sensibilidad al rendimiento del mercado
- $E(R_m)$ = Rendimiento esperado del mercado

3. Modelos de Simulación y Estocásticos

Ecuación de Movimiento Browniano Geométrico (GBM): El GBM modela el precio del activo subyacente como:

$$dS_t = \mu S_t dt + \sigma S_t dW_t$$

donde:

- S_t = Precio del activo en el tiempo t
- μ = Tasa de retorno esperada
- σ = Volatilidad del activo
- W_t = Proceso de Wiener (movimiento browniano)

Simulación de Monte Carlo: La simulación de Monte Carlo para la valoración de opciones se basa en generar múltiples trayectorias del precio del activo utilizando el GBM y luego calcular el valor promedio descontado de las opciones:

$$\text{Valor de la Opción} = e^{-rT} \frac{1}{N} \sum_{i=1}^{N} Payoff_i$$

donde:

- N = Número de trayectorias simuladas
- $Payoff_i$ = Pago de la opción en la i-ésima trayectoria

4. Modelos de Optimización

Programación Lineal: La programación lineal se utiliza para maximizar o minimizar una función objetivo sujeta a restricciones lineales. La forma general es:

$$\text{Maximizar } c^T x \text{ sujeto a } Ax \leq b,\ x \geq 0$$

donde:

- c = Vector de coeficientes de la función objetivo
- x = Vector de variables de decisión

- AA = Matriz de coeficientes de las restricciones
- bb = Vector de términos constantes en las restricciones

Programación No Lineal: Para problemas no lineales, la función objetivo y/o las restricciones no son lineales. La forma general es:

Minimizar f(x)Minimizar f(x) sujeto a gi(x)≤0 para i=1,…,msujeto a gi(x)≤0 para i=1,…,m hj(x)=0 para j=1,…,phj(x)=0 para j=1,…,p

donde:

- f(x)f(x) = Función objetivo no lineal
- gi(x)gi(x) = Funciones de restricciones no lineales
- hj(x)hj(x) = Funciones de igualdad

Conclusión

El desarrollo de modelos matemáticos en el nuevo sistema de valoración financiera utiliza una combinación de ecuaciones y fórmulas para abordar la valoración de activos, el manejo del riesgo y la optimización de estrategias. La aplicación de la ecuación de Black-Scholes, los modelos de VaR y CAPM, así como los métodos estocásticos y de simulación, proporciona una base sólida para una valoración precisa y una gestión efectiva del riesgo. Los métodos de optimización, tanto lineales como no lineales, permiten ajustar estrategias y parámetros en función de las necesidades del mercado y los objetivos de inversión. La integración de estos modelos matemáticos en el sistema garantiza un enfoque robusto y adaptable para enfrentar la complejidad y la incertidumbre en el entorno financiero.

4.1. Fuentes y Procesamiento de Datos

En el desarrollo del nuevo sistema de valoración financiera, la validación de datos es un aspecto crucial para asegurar que los resultados sean precisos y fiables. La validación de datos comienza con la identificación de fuentes confiables y el procesamiento adecuado de la información para garantizar su calidad y utilidad. A continuación, se detallan las principales fuentes de datos y los métodos de procesamiento utilizados en el sistema.

1. Fuentes de Datos

1.1. Datos de Mercado

Datos Históricos de Precios:

- **Fuentes:** Proveedores de datos financieros como Bloomberg, Reuters, y Yahoo Finance.
- **Contenido:** Incluye precios históricos de acciones, bonos, futuros y otros instrumentos financieros. Estos datos son fundamentales para la calibración de modelos y la simulación de escenarios.

Datos de Volatilidad:

- **Fuentes:** Proveedores de datos financieros y bolsas de valores.
- **Contenido:** Datos sobre la volatilidad histórica y implícita de los activos. La volatilidad es un parámetro crucial en la valoración de opciones y la gestión del riesgo.

Datos de Tasas de Interés:

- **Fuentes:** Bancos centrales y proveedores de datos financieros.

- **Contenido:** Incluye tasas de interés libre de riesgo, tasas swap y curvas de rendimiento, utilizados para descontar flujos de caja y valorar activos.

1.2. Datos Económicos y Macroeconómicos

Indicadores Económicos:

- **Fuentes:** Instituciones gubernamentales y organizaciones internacionales como el Fondo Monetario Internacional (FMI) y el Banco Mundial.
- **Contenido:** Datos sobre PIB, inflación, tasas de desempleo, y otros indicadores económicos que afectan el rendimiento de los activos financieros.

Datos Sectoriales:

- **Fuentes:** Agencias de investigación de mercado y publicaciones sectoriales.
- **Contenido:** Información específica del sector, como tendencias de crecimiento, cambios regulatorios y noticias relevantes que pueden influir en el valor de los activos.

1.3. Datos Alternativos

Datos de Sentimiento del Mercado:

- **Fuentes:** Redes sociales, noticias financieras y análisis de medios.
- **Contenido:** Información sobre el sentimiento del mercado y las expectativas de los inversores, que puede impactar los precios de los activos y la volatilidad.

Datos de Transacciones y Volúmenes:

- **Fuentes:** Exchanges y plataformas de negociación.
- **Contenido:** Información sobre el volumen de transacciones, la liquidez del mercado y el comportamiento de compra/venta de los inversores.

2. Procesamiento de Datos

2.1. Limpieza de Datos

Eliminación de Errores y Anomalías:

- **Métodos:** Identificación y corrección de errores, como valores atípicos, datos faltantes y errores de entrada. Se utilizan técnicas estadísticas y algoritmos para detectar y ajustar anomalías en los datos.

Interpolación y Suavizado:

- **Métodos:** Uso de técnicas de interpolación para estimar datos faltantes y suavizado de series temporales para reducir el ruido. Métodos como el suavizado exponencial y las medias móviles son comunes en el procesamiento de datos financieros.

2.2. Normalización y Estandarización

Normalización de Datos:

- **Métodos:** Escalado de datos para que estén en un rango específico, como [0,1] o [-1,1]. La normalización es útil para comparar datos de diferentes escalas y para aplicar técnicas de machine learning.

Estandarización:

- **Métodos:** Ajuste de datos para que tengan una media de cero y una desviación estándar de uno. La estandarización facilita la comparación y el análisis estadístico.

2.3. Integración de Datos

Fusión de Datos:

- **Métodos:** Integración de datos provenientes de múltiples fuentes para crear un conjunto de datos unificado. Esto incluye la combinación de datos históricos con datos en tiempo real y datos económicos con datos de mercado.

Validación Cruzada:

- **Métodos:** Comparación de datos de diferentes fuentes para verificar la coherencia y precisión. La validación cruzada asegura que los datos sean consistentes y fiables antes de su uso en modelos de valoración.

2.4. Análisis de Datos

Análisis Descriptivo:

- **Métodos:** Uso de estadísticas descriptivas para resumir y visualizar los datos. Incluye el cálculo de medias, medianas, desviaciones estándar y la creación de gráficos para identificar patrones y tendencias.

Análisis de Correlación y Regresión:

- **Métodos:** Evaluación de relaciones entre variables utilizando análisis de correlación y modelos de regresión. Esto ayuda a entender las dependencias entre diferentes factores y a ajustar los modelos de valoración.

2.5. Validación y Verificación

Pruebas de Exactitud:

- **Métodos:** Comparación de los resultados del modelo con datos históricos y benchmarks para validar la precisión del modelo. Esto incluye pruebas de robustez y análisis de sensibilidad para evaluar la estabilidad de los resultados.

Validación de Modelos:

- **Métodos:** Evaluación de la capacidad predictiva del modelo utilizando técnicas de validación cruzada y conjuntos de datos independientes. La validación de modelos asegura que el sistema pueda generalizar y proporcionar resultados fiables en diferentes condiciones del mercado.

Conclusión

La validación de datos es esencial para garantizar que el nuevo sistema de valoración financiera proporcione resultados precisos y confiables. La identificación de fuentes de datos confiables, junto con un procesamiento adecuado que incluye limpieza, normalización, integración y análisis de datos, asegura la calidad de la información utilizada en el sistema. La validación y verificación de los datos y modelos refuerzan la confianza en las valoraciones y las decisiones basadas en el sistema, permitiendo una evaluación efectiva del riesgo y una optimización precisa de las estrategias de inversión.

1.1. Arquitectura del Sistema

La arquitectura del sistema de valoración financiera es fundamental para su funcionamiento eficaz y eficiente. La arquitectura debe estar diseñada para manejar grandes volúmenes de datos, ejecutar modelos matemáticos complejos, y proporcionar resultados en tiempo real o casi real. A continuación se describe la estructura general del sistema, incluyendo sus componentes principales y su interacción.

1. Componentes Principales del Sistema

1.1. Capa de Entrada de Datos

Recolección de Datos:

- **Componentes:** Módulos de recolección de datos que extraen información de diversas fuentes, como proveedores de datos financieros, bolsas de valores, y bases de datos económicas.
- **Funcionalidad:** Este componente se encarga de conectar con las fuentes de datos, extraer y almacenar la información en formatos adecuados para su procesamiento.

Validación y Preprocesamiento de Datos:

- **Componentes:** Herramientas y scripts para la limpieza, normalización y transformación de datos.
- **Funcionalidad:** Asegura que los datos sean precisos y coherentes antes de ser utilizados en el análisis y modelado. Incluye la eliminación de errores y la integración de datos provenientes de diferentes fuentes.

1.2. Capa de Procesamiento

Modelos Matemáticos y Algoritmos:

- **Componentes:** Módulos que implementan modelos de valoración, algoritmos estocásticos, simulaciones de Monte Carlo, y técnicas de optimización.
- **Funcionalidad:** Realiza los cálculos necesarios para valorar activos, evaluar riesgos y optimizar estrategias de inversión. Los modelos pueden ser ajustables y adaptables a diferentes escenarios y condiciones de mercado.

Motor de Cálculo:

- **Componentes:** Unidad de procesamiento central que ejecuta los algoritmos y modelos matemáticos.
- **Funcionalidad:** Optimiza el rendimiento del sistema al realizar cálculos complejos de manera eficiente. Puede incluir capacidades para la computación en paralelo y la gestión de grandes volúmenes de datos.

1.3. Capa de Gestión de Datos

Base de Datos:

- **Componentes:** Sistemas de gestión de bases de datos (DBMS) para almacenar datos históricos, resultados de modelos y parámetros de configuración.
- **Funcionalidad:** Permite el almacenamiento y la recuperación eficiente de grandes volúmenes de datos. La base de datos debe ser robusta y escalable para manejar la información de manera efectiva.

Almacenamiento en Caché:

- **Componentes:** Sistemas de caché para almacenar temporalmente datos y resultados frecuentes.
- **Funcionalidad:** Mejora la velocidad de acceso a datos y resultados al reducir la necesidad de cálculos repetidos y consultas a la base de datos.

1.4. Capa de Interfaz de Usuario

Interfaz de Usuario (UI):

- **Componentes:** Aplicaciones y paneles de control que permiten a los usuarios interactuar con el sistema.
- **Funcionalidad:** Proporciona una interfaz amigable para la entrada de datos, la configuración de parámetros, la visualización de resultados y la generación de informes. La UI debe ser intuitiva y accesible para usuarios con diferentes niveles de experiencia.

Generación de Informes y Visualización:

- **Componentes:** Herramientas para crear gráficos, tablas y reportes sobre el rendimiento del sistema y los resultados de las valoraciones.
- **Funcionalidad:** Facilita la interpretación y presentación de los resultados, permitiendo a los usuarios tomar decisiones informadas basadas en datos y análisis visuales.

1.5. Capa de Seguridad y Gestión de Accesos

Seguridad de Datos:

- **Componentes:** Módulos de seguridad para proteger la integridad y confidencialidad de los datos.
- **Funcionalidad:** Implementa mecanismos de cifrado, autenticación y autorización para garantizar que los datos y los resultados sean accesibles solo para usuarios autorizados.

Gestión de Accesos:

- **Componentes:** Sistema de gestión de usuarios y permisos.
- **Funcionalidad:** Controla el acceso a diferentes partes del sistema y a los datos, asegurando que los usuarios solo

puedan acceder a la información y funciones relevantes para su rol.

2. Arquitectura Técnica del Sistema

2.1. Arquitectura en Capas:

- **Descripción:** La arquitectura en capas organiza el sistema en distintas capas funcionales, como entrada de datos, procesamiento, gestión de datos, interfaz de usuario y seguridad. Esta separación facilita el mantenimiento y la escalabilidad del sistema.
- **Beneficios:** Permite una mayor flexibilidad y modularidad, facilitando las actualizaciones y la integración de nuevas funcionalidades.

2.2. Arquitectura Basada en Microservicios:

- **Descripción:** El sistema se puede estructurar utilizando una arquitectura de microservicios, donde cada componente o módulo se implementa como un servicio independiente que se comunica con otros servicios a través de interfaces bien definidas.

- **Beneficios:** Mejora la escalabilidad y permite el desarrollo y despliegue independiente de diferentes componentes del sistema. Facilita la integración de nuevas tecnologías y la adaptación a cambios en los requisitos.

2.3. Arquitectura en la Nube:

- **Descripción:** El sistema puede estar alojado en una infraestructura en la nube, utilizando servicios como AWS, Azure o Google Cloud para el almacenamiento, procesamiento y escalado.
- **Beneficios:** Ofrece flexibilidad y escalabilidad, permitiendo ajustar los recursos según las necesidades y gestionar grandes volúmenes de datos de manera eficiente. La nube también facilita el acceso remoto y la colaboración entre equipos distribuidos.

Conclusión

La arquitectura del sistema de valoración financiera debe ser robusta y flexible para manejar la complejidad y la escala de los datos y modelos utilizados. La estructura en capas, la arquitectura basada en microservicios y la integración con la nube son enfoques clave para garantizar un sistema eficiente y escalable. Cada componente del sistema, desde la recolección de datos hasta la interfaz de usuario y la seguridad, desempeña un papel crucial en la operatividad del sistema y en la entrega de resultados precisos y fiables para la valoración financiera.

1.2. Integración de Componentes

La integración de componentes en el sistema de valoración financiera es esencial para garantizar que todos los módulos y servicios funcionen conjuntamente de manera eficiente y coherente. Este proceso implica conectar y coordinar los diferentes componentes del sistema para que puedan intercambiar datos, ejecutar procesos y entregar resultados de manera fluida. A continuación se detallan los aspectos clave de la integración de componentes del sistema.

1. Arquitectura de Integración

1.1. Integración de Datos

Conectores y APIs:

- **Descripción:** Se utilizan conectores y APIs para integrar las fuentes de datos externas con el sistema. Estos permiten la conexión con proveedores de datos financieros, bolsas de valores y otras fuentes relevantes.

- **Funcionalidad:** Facilitan la extracción, actualización y sincronización de datos en tiempo real o en intervalos regulares. Aseguran que la información esté siempre actualizada y disponible para el procesamiento.

Transformación de Datos:

- **Descripción:** Los datos extraídos pueden requerir transformación para adaptarse al formato y estructura del sistema.

- **Funcionalidad:** Incluye la conversión de formatos, la normalización de datos y la aplicación de reglas de validación. Los procesos ETL (Extract, Transform, Load) son fundamentales para asegurar que los datos sean coherentes y utilizables.

1.2. Integración de Modelos Matemáticos

Interfaz de Modelos:

- **Descripción:** Los modelos matemáticos y algoritmos deben estar bien definidos y accesibles para otros componentes del sistema.

- **Funcionalidad:** Se utilizan interfaces de programación para que los módulos de procesamiento y los modelos matemáticos puedan comunicarse y ejecutar cálculos. Estas interfaces permiten la invocación de funciones y la transferencia de parámetros entre componentes.

Servicio de Cálculo:

- **Descripción:** El motor de cálculo realiza los procesos matemáticos y de simulación.

- **Funcionalidad:** Los modelos se integran en el motor de cálculo, que ejecuta los algoritmos y devuelve los resultados a los módulos de gestión de datos y de interfaz de usuario. La arquitectura debe permitir la ejecución eficiente de cálculos complejos y la gestión de múltiples solicitudes simultáneas.

1.3. Integración de Gestión de Datos

Base de Datos y Almacenamiento en Caché:

- **Descripción:** La base de datos almacena datos históricos, resultados y parámetros, mientras que el almacenamiento en caché mejora la velocidad de acceso.
- **Funcionalidad:** Se utilizan mecanismos de sincronización para asegurar que los datos en la base de datos y en la caché estén actualizados y sean consistentes. Las consultas a la base de datos y la recuperación de datos de la caché deben estar bien integradas para optimizar el rendimiento.

Sincronización de Datos:

- **Descripción:** Asegura que la información entre la base de datos y otros componentes del sistema esté sincronizada.
- **Funcionalidad:** Se implementan procesos de sincronización y actualizaciones automáticas para mantener la coherencia y la integridad de los datos.

1.4. Integración de Interfaz de Usuario

Interfaz de Usuario (UI):

- **Descripción:** La interfaz de usuario proporciona la plataforma para la interacción con el sistema.
- **Funcionalidad:** La UI debe estar integrada con los módulos de procesamiento y gestión de datos para recibir y mostrar resultados en tiempo real. La comunicación entre la UI y el backend se realiza a través de APIs y servicios web.

Generación de Informes y Visualización:

- **Descripción:** Las herramientas de generación de informes y visualización muestran los resultados de los análisis y valoraciones.

- **Funcionalidad:** Estas herramientas se integran con el motor de cálculo y la base de datos para crear gráficos, tablas y reportes. Deben ser capaces de generar informes detallados y personalizados basados en los datos y resultados procesados.

1.5. Integración de Seguridad y Gestión de Accesos

Mecanismos de Autenticación y Autorización:

- **Descripción:** La seguridad del sistema se asegura mediante la autenticación de usuarios y la autorización de accesos.
- **Funcionalidad:** Se integran sistemas de gestión de usuarios y permisos con la interfaz de usuario y los módulos de backend para controlar el acceso a los datos y funcionalidades. Se utilizan protocolos de seguridad y cifrado para proteger la información.

Monitorización y Auditoría:

- **Descripción:** Se implementan mecanismos para la monitorización y auditoría de actividades en el sistema.

- **Funcionalidad:** Permiten rastrear y registrar accesos, cambios y operaciones dentro del sistema para asegurar la integridad y seguridad. Facilitan la identificación de actividades sospechosas y el cumplimiento de políticas de seguridad.

2. Métodos de Integración

2.1. Integración Basada en Servicios (SOA)

Descripción:

- **Enfoque:** Utiliza servicios independientes y bien definidos que interactúan a través de interfaces estandarizadas.
- **Beneficios:** Facilita la interoperabilidad y la flexibilidad, permitiendo que los componentes se actualicen o reemplacen sin afectar el sistema en su conjunto.

2.2. Integración Basada en Eventos

Descripción:

- **Enfoque:** Los componentes del sistema se comunican y reaccionan a eventos en tiempo real.
- **Beneficios:** Permite una integración más dinámica y flexible, adecuada para sistemas que requieren actualizaciones y respuestas en tiempo real.

2.3. Integración mediante Mensajería

Descripción:

- **Enfoque:** Utiliza sistemas de mensajería para la comunicación entre componentes.
- **Beneficios:** Facilita la integración de componentes distribuidos y la gestión de mensajes de forma asíncrona, lo que mejora la escalabilidad y la resiliencia del sistema.

Conclusión

La integración de componentes es crucial para el funcionamiento armonioso y eficaz del sistema de valoración financiera. La coordinación entre la entrada de datos, el procesamiento de modelos, la gestión de datos, la interfaz de usuario y la seguridad garantiza que el sistema opere de manera eficiente y proporcione resultados precisos. La utilización de enfoques de integración como servicios basados en arquitectura (SOA), integración basada en eventos y sistemas de mensajería permite construir un sistema robusto y flexible que puede adaptarse a cambios y escalas futuras.

2.1. Algoritmos de Optimización

Los algoritmos de optimización son esenciales en el desarrollo del sistema de valoración financiera, ya que permiten encontrar las mejores soluciones en problemas complejos, ajustando variables y parámetros para maximizar o minimizar objetivos específicos. En el contexto de valoración financiera, estos algoritmos se utilizan para optimizar carteras de inversión, ajustar modelos de valoración, y mejorar la precisión y eficiencia de los cálculos. A continuación se describen los principales algoritmos de optimización utilizados en el sistema, junto con sus enfoques y aplicaciones.

1. Optimización de Carteras

1.1. Algoritmo de Media-Varianza de Markowitz

Descripción:

- **Enfoque:** Utiliza la teoría de carteras de Harry Markowitz para optimizar la asignación de activos en una cartera, maximizando el rendimiento esperado para un nivel dado de riesgo o minimizando el riesgo para un rendimiento esperado.
- **Método:** Calcula la frontera eficiente de la cartera y utiliza técnicas de optimización cuadrática para determinar la combinación óptima de activos.
- **Aplicaciones:** Ideal para la gestión de carteras y la asignación de activos en inversiones.

1.2. Optimización de Frontera Eficiente

Descripción:

- **Enfoque:** Extiende el modelo de Markowitz para incluir restricciones adicionales, como límites en la proporción de cada activo en la cartera o restricciones de liquidez.

- **Método:** Utiliza algoritmos de programación lineal o no lineal para encontrar la combinación óptima de activos que cumple con las restricciones y objetivos especificados.
- **Aplicaciones:** Adecuado para carteras con restricciones específicas o requisitos de inversión.

2. Optimización de Parámetros de Modelos

2.1. Algoritmos de Descenso por Gradiente

Descripción:

- **Enfoque:** Utiliza el descenso por gradiente para encontrar el mínimo de una función de costo ajustando iterativamente los parámetros del modelo en la dirección opuesta al gradiente.
- **Método:** Calcula el gradiente de la función de costo con respecto a los parámetros del modelo y actualiza los parámetros en función de una tasa de aprendizaje.
- **Aplicaciones:** Utilizado en la calibración de modelos financieros y la optimización de parámetros en modelos de valoración.

2.2. Algoritmos de Gradiente Estocástico (SGD)

Descripción:

- **Enfoque:** Variante del descenso por gradiente que utiliza un subconjunto aleatorio de datos (mini-lotes) en cada iteración para actualizar los parámetros.
- **Método:** Reduce el costo computacional y mejora la eficiencia en problemas con grandes volúmenes de datos.
- **Aplicaciones:** Ideal para el entrenamiento de modelos de machine learning y la optimización en escenarios de grandes datos.

3. Optimización de Modelos de Valoración

3.1. Algoritmos Evolutivos

Descripción:

- **Enfoque:** Utiliza mecanismos inspirados en la evolución natural, como selección, cruce y mutación, para encontrar soluciones óptimas en espacios de búsqueda complejos.

- **Método:** Algoritmos como el Algoritmo Genético (GA) y el Algoritmo de Enfriamiento Simulado (SA) se utilizan para optimizar funciones de valoración que pueden ser no lineales y no convexas.
- **Aplicaciones:** Utilizados para problemas complejos en los que otros métodos de optimización pueden no ser efectivos.

3.2. Optimización de la Función de Valoración con Algoritmos de Optimización Global

Descripción:

- **Enfoque:** Utiliza técnicas de optimización global para explorar todo el espacio de soluciones y evitar mínimos locales.
- **Método:** Incluye algoritmos como el Enfriamiento Simulado (SA) y las Redes Neuronales Evolutivas que buscan la solución global óptima en problemas de valoración financiera complejos.
- **Aplicaciones:** Adecuado para la valoración de activos con características no lineales y restricciones complejas.

4. Optimización en Simulaciones de Monte Carlo

4.1. Optimización de Parámetros en Simulaciones

Descripción:

- **Enfoque:** Ajusta los parámetros de entrada para mejorar la precisión y eficiencia de las simulaciones de Monte Carlo.
- **Método:** Utiliza técnicas de optimización para ajustar los parámetros del modelo y reducir el error en las simulaciones.
- **Aplicaciones:** Mejorar la precisión y el rendimiento de las simulaciones en la valoración de opciones y la gestión de riesgos.

4.2. Algoritmos de Optimización Basados en la Muestra

Descripción:

- **Enfoque:** Optimiza el número de muestras necesarias para alcanzar una precisión deseada en las simulaciones de Monte Carlo.

- **Método:** Utiliza técnicas de optimización para reducir la varianza y mejorar la eficiencia de las simulaciones.
- **Aplicaciones:** Eficiencia en la evaluación de grandes números de escenarios y en la simulación de procesos estocásticos.

Conclusión

Los algoritmos de optimización juegan un papel crucial en el sistema de valoración financiera al mejorar la precisión, eficiencia y efectividad de los cálculos y modelos. Desde la optimización de carteras y parámetros de modelos hasta la mejora de simulaciones de Monte Carlo, estos algoritmos permiten encontrar soluciones óptimas y ajustadas a las necesidades específicas del análisis financiero. La selección del algoritmo adecuado dependerá de la naturaleza del problema, los objetivos de optimización y las características del sistema en desarrollo.

2.2. Técnicas de Machine Learning

Las técnicas de machine learning (ML) se han convertido en herramientas esenciales en la valoración financiera, ya que permiten el análisis y modelado de grandes volúmenes de datos para hacer predicciones y tomar decisiones informadas. Estas técnicas pueden capturar patrones complejos, aprender de datos históricos y mejorar continuamente a medida que se dispone de más información. A continuación se detallan algunas de las principales técnicas de machine learning utilizadas en el sistema de valoración financiera, junto con sus enfoques y aplicaciones.

1. Modelos de Regresión

1.1. Regresión Lineal

Descripción:

- **Enfoque:** Modela la relación entre una variable dependiente y una o más variables independientes mediante una función lineal.

- **Método:** Ajusta los coeficientes de la función lineal para minimizar el error cuadrático medio (MSE) entre las predicciones y los valores reales.
- **Aplicaciones:** Utilizado para predecir precios de activos, rendimiento de inversiones y otros valores financieros basados en variables explicativas.

1.2. Regresión Polinómica

Descripción:

- **Enfoque:** Extiende la regresión lineal al utilizar polinomios para modelar relaciones no lineales entre variables.
- **Método:** Ajusta los coeficientes de un polinomio para minimizar el error de predicción.
- **Aplicaciones:** Adecuado para modelar relaciones complejas y no lineales en datos financieros, como tendencias de precios y patrones de mercado.

2. Modelos de Clasificación

2.1. Máquinas de Soporte Vectorial (SVM)

Descripción:

- **Enfoque:** Encuentra el hiperplano óptimo que separa diferentes clases en un espacio de características multidimensional.
- **Método:** Utiliza un margen máximo entre las clases para realizar clasificaciones precisas.
- **Aplicaciones:** Clasificación de activos financieros en categorías como sobrevalorados o infravalorados, y detección de fraudes.

2.2. Redes Neuronales Artificiales (ANN)

Descripción:

- **Enfoque:** Modela relaciones complejas mediante una red de neuronas artificiales organizadas en capas de entrada, ocultas y de salida.
- **Método:** Utiliza algoritmos de retropropagación para ajustar los pesos de la red y minimizar el error de predicción.
- **Aplicaciones:** Predicción de precios de activos, análisis de riesgos y modelado de tendencias financieras.

2.3. Árboles de Decisión y Random Forests

Descripción:

- **Enfoque:** Utiliza árboles de decisión para dividir el espacio de características en regiones homogéneas.
- **Método:** Random Forests construye múltiples árboles de decisión y combina sus predicciones para mejorar la precisión y reducir el sobreajuste.
- **Aplicaciones:** Evaluación de crédito, predicción de quiebras y selección de características en análisis financiero.

3. Técnicas de Clustering

3.1. K-Means Clustering

Descripción:

- **Enfoque:** Agrupa datos en k clusters basados en la similitud de características.

- **Método:** Asigna datos a clusters minimizando la variabilidad dentro de cada cluster y maximizando la variabilidad entre clusters.
- **Aplicaciones:** Segmentación de clientes, análisis de patrones de inversión y identificación de grupos de activos con comportamientos similares.

3.2. Algoritmo de Agrupamiento Jerárquico

Descripción:

- **Enfoque:** Construye una jerarquía de clusters mediante un proceso de aglomeración o división.
- **Método:** Utiliza distancias entre puntos de datos para formar una jerarquía de clusters, que puede representarse en un dendrograma.
- **Aplicaciones:** Identificación de estructuras de mercado, análisis de correlaciones entre activos y segmentación de mercados.

4. Técnicas de Reducción de Dimensionalidad

4.1. Análisis de Componentes Principales (PCA)

Descripción:

- **Enfoque:** Reduce la dimensionalidad de los datos mientras conserva la mayor parte de la variabilidad.
- **Método:** Transforma los datos originales en un nuevo conjunto de variables (componentes principales) que son combinaciones lineales de las variables originales.
- **Aplicaciones:** Reducción de ruido en datos financieros, visualización de datos y mejora del rendimiento de modelos de machine learning.

4.2. Análisis de Discriminante Lineal (LDA)

Descripción:

- **Enfoque:** Encuentra una proyección lineal que maximiza la separación entre clases.
- **Método:** Utiliza la varianza dentro y entre clases para determinar la proyección óptima.

- **Aplicaciones:** Clasificación de activos y reducción de dimensionalidad en modelos de predicción.

5. Técnicas Avanzadas de Machine Learning

5.1. Redes Neuronales Convolucionales (CNNs)

Descripción:

- **Enfoque:** Utiliza capas convolucionales para extraer características de datos estructurados en forma de malla, como imágenes.
- **Método:** Aplica filtros convolucionales para detectar patrones y características en los datos.
- **Aplicaciones:** Análisis de series temporales financieras y detección de patrones complejos en datos de mercado.

5.2. Redes Neuronales Recurrentes (RNNs) y LSTM

Descripción:

- **Enfoque:** Modela datos secuenciales y temporales utilizando redes neuronales que tienen conexiones recurrentes.

- **Método:** Long Short-Term Memory (LSTM) mejora la capacidad de las RNN para capturar dependencias a largo plazo en secuencias.
- **Aplicaciones:** Predicción de precios de activos basados en series temporales y análisis de tendencias de mercado.

Conclusión

Las técnicas de machine learning proporcionan potentes herramientas para el análisis y modelado de datos financieros, permitiendo la detección de patrones complejos y la realización de predicciones precisas. Desde modelos de regresión y clasificación hasta técnicas avanzadas como redes neuronales y clustering, estas técnicas pueden mejorar significativamente la capacidad del sistema de valoración para manejar grandes volúmenes de datos y ofrecer insights valiosos para la toma de decisiones financieras. La elección de la técnica adecuada dependerá de la naturaleza del problema, los objetivos de análisis y la calidad de los datos disponibles.

3.1. Comparativa de Precisión

La precisión en la valoración financiera es crucial para obtener resultados fiables y tomar decisiones informadas. La comparación entre el nuevo sistema de valoración propuesto y los métodos actuales se centra en evaluar cómo el nuevo enfoque mejora la exactitud de las valoraciones y análisis financieros. Esta sección detalla los criterios utilizados para comparar la precisión y los métodos de evaluación aplicados.

1. Criterios de Precisión

1.1. Exactitud de Predicciones

Descripción:

- **Enfoque:** Mide la capacidad del sistema para hacer predicciones precisas en comparación con los valores reales observados.
- **Método:** Utiliza métricas como el Error Cuadrático Medio (MSE), el Error Absoluto Medio (MAE) y el Coeficiente de Determinación (R^2) para cuantificar la precisión de las predicciones del sistema.

1.2. Robustez Frente a Datos Atípicos

Descripción:

- **Enfoque:** Evalúa cómo el sistema maneja datos atípicos y outliers, que pueden afectar significativamente la precisión de los métodos de valoración.
- **Método:** Analiza la sensibilidad del sistema a datos extremos y realiza comparaciones con métodos tradicionales para medir la estabilidad de las predicciones.

1.3. Consistencia en Diferentes Escenarios

Descripción:

- **Enfoque:** Evalúa la capacidad del sistema para mantener la precisión a través de diferentes condiciones de mercado y escenarios económicos.
- **Método:** Compara la precisión del sistema en condiciones de mercado estables y volátiles, y en diferentes horizontes temporales.

2. Métodos de Evaluación

2.1. Evaluación Basada en Datos Históricos

Descripción:

- **Enfoque:** Utiliza datos históricos para evaluar la precisión del nuevo sistema en comparación con métodos tradicionales.
- **Método:** Realiza backtesting utilizando datos históricos de precios, rendimientos y otras variables financieras. Compara los resultados de las valoraciones del nuevo sistema con los obtenidos mediante métodos tradicionales como DCF, CAPM, y modelos de múltiplos.

2.2. Evaluación en Tiempo Real

Descripción:

- **Enfoque:** Evalúa la precisión del sistema en condiciones de mercado actuales utilizando datos en tiempo real.
- **Método:** Implementa el sistema en un entorno de prueba o simulación y compara sus predicciones con datos actuales de

mercado. Evalúa la capacidad del sistema para ajustarse a cambios rápidos en el mercado.

2.3. Evaluación con Datos Simulados

Descripción:

- **Enfoque:** Utiliza datos simulados para crear diferentes escenarios y condiciones de mercado que permitan evaluar la precisión del sistema.
- **Método:** Genera datos simulados con características específicas y compara las valoraciones del sistema con las esperadas bajo esos escenarios controlados. Esta técnica permite evaluar el rendimiento del sistema en condiciones que pueden no estar presentes en los datos históricos o en tiempo real.

3. Comparación con Métodos Actuales

3.1. Comparación con Métodos de Valoración Tradicionales

Descripción:

- **Enfoque:** Compara la precisión del nuevo sistema con métodos tradicionales como el DCF, CAPM, y el modelo de múltiplos financieros.
- **Método:** Realiza una evaluación comparativa de las métricas de precisión (MSE, MAE, R^2) entre el nuevo sistema y los métodos tradicionales. Analiza las diferencias en las predicciones y las posibles razones para cualquier mejora o deterioro en la precisión.

3.2. Comparación con Técnicas de Machine Learning Existentes

Descripción:

- **Enfoque:** Compara el nuevo sistema con modelos de machine learning utilizados actualmente en valoración financiera, como redes neuronales y máquinas de soporte vectorial.
- **Método:** Evalúa el rendimiento del nuevo sistema en términos de precisión, eficiencia computacional y capacidad de adaptación en comparación con los modelos de machine

learning existentes. Examina las ventajas y desventajas de cada enfoque en diferentes contextos financieros.

4. Resultados y Análisis

4.1. Resultados de la Comparación

Descripción:

- **Enfoque:** Presenta los resultados de la comparación en términos de métricas de precisión y rendimiento.
- **Método:** Utiliza tablas y gráficos para ilustrar cómo el nuevo sistema se compara con los métodos actuales en términos de exactitud, robustez y consistencia. Incluye análisis estadísticos que destacan las diferencias significativas.

4.2. Interpretación de Resultados

Descripción:

- **Enfoque:** Interpreta los resultados de la comparación para identificar las fortalezas y debilidades del nuevo sistema.

- **Método:** Discute cómo el nuevo sistema mejora la precisión en comparación con los métodos actuales y explica los posibles mecanismos detrás de estas mejoras. Aborda cualquier limitación del nuevo sistema y áreas para posibles mejoras futuras.

4.3. Recomendaciones y Conclusiones

Descripción:

- **Enfoque:** Ofrece recomendaciones basadas en los resultados de la comparación y sugiere pasos futuros para la implementación del nuevo sistema.
- **Método:** Proporciona conclusiones sobre la eficacia del nuevo sistema en comparación con los métodos actuales y sugiere posibles ajustes o mejoras para optimizar su rendimiento.

Conclusión

La comparativa de precisión entre el nuevo sistema de valoración y los métodos actuales es fundamental para demostrar las mejoras en exactitud y eficacia. La evaluación de criterios como la exactitud de predicciones, la robustez frente a datos atípicos y la consistencia en diferentes escenarios proporciona una visión integral de las ventajas del nuevo sistema. A través de métodos de evaluación basados en datos históricos, tiempo real y simulados, se puede determinar cómo el nuevo enfoque supera a los métodos tradicionales y actuales en términos de precisión y adaptabilidad.

3.2. Eficiencia en Tiempo de Procesamiento

La eficiencia en el tiempo de procesamiento es un aspecto crucial en el desarrollo de sistemas de valoración financiera, especialmente cuando se manejan grandes volúmenes de datos y se realizan cálculos complejos. La capacidad de un sistema para procesar datos de manera rápida y eficiente puede afectar significativamente la utilidad y aplicabilidad del sistema en entornos financieros dinámicos. Esta sección detalla los aspectos clave relacionados con la eficiencia en tiempo de procesamiento y cómo el nuevo sistema propuesto se compara con los métodos actuales.

1. Criterios de Eficiencia en Tiempo de Procesamiento

1.1. Tiempo de Ejecución

Descripción:

- **Enfoque:** Mide el tiempo total necesario para completar un ciclo de procesamiento desde la entrada de datos hasta la generación de resultados.
- **Método:** Calcula el tiempo promedio de ejecución para realizar valoraciones financieras, simulaciones o cálculos de optimización utilizando el nuevo sistema y lo compara con los métodos tradicionales.

1.2. Tiempo de Respuesta en Tiempo Real

Descripción:

- **Enfoque:** Evalúa la capacidad del sistema para proporcionar resultados en tiempo real o casi real, especialmente en entornos de trading y análisis de mercado en vivo.
- **Método:** Mide el tiempo que tarda el sistema en actualizar las valoraciones y análisis cuando se introducen nuevos datos o se realizan cambios en las condiciones del mercado.

1.3. Tiempo de Carga y Preprocesamiento de Datos

Descripción:

- **Enfoque:** Analiza el tiempo necesario para cargar y preparar datos antes de realizar los cálculos o análisis.
- **Método:** Evalúa el tiempo requerido para la carga de grandes volúmenes de datos y la preparación para el procesamiento en comparación con los métodos actuales.

2. Métodos de Evaluación

2.1. Evaluación en Entornos Controlados

Descripción:

- **Enfoque:** Realiza pruebas en un entorno controlado para medir la eficiencia del sistema en condiciones estandarizadas.
- **Método:** Ejecuta el nuevo sistema y los métodos actuales en una plataforma de hardware y software con especificaciones similares para obtener comparaciones precisas del tiempo de

procesamiento. Utiliza benchmarks y pruebas de rendimiento para evaluar la eficiencia.

2.2. Evaluación en Escenarios Reales

Descripción:

- **Enfoque:** Evalúa la eficiencia del sistema en un entorno de producción o simulación con datos reales y condiciones del mercado.
- **Método:** Implementa el sistema en un entorno real o de simulación para medir el tiempo de procesamiento en condiciones de mercado en vivo. Compara los tiempos de respuesta y procesamiento con los métodos tradicionales en situaciones de alta carga de trabajo.

2.3. Evaluación de Escalabilidad

Descripción:

- **Enfoque:** Examina cómo la eficiencia del sistema se comporta a medida que aumenta el volumen de datos y la complejidad de los cálculos.

- **Método:** Realiza pruebas de escalabilidad incrementando el tamaño de los datos y la complejidad de los modelos, y mide cómo el tiempo de procesamiento cambia con estos incrementos. Analiza la capacidad del sistema para mantener un rendimiento eficiente a gran escala.

3. Comparación con Métodos Actuales

3.1. Comparación de Tiempos de Ejecución

Descripción:

- **Enfoque:** Compara el tiempo de ejecución del nuevo sistema con el de métodos tradicionales como DCF, CAPM y modelos de múltiplos financieros.
- **Método:** Mide el tiempo promedio necesario para realizar cálculos de valoración o simulaciones utilizando el nuevo sistema y compara estos tiempos con los obtenidos con los métodos tradicionales.

3.2. Comparación de Tiempo de Respuesta en Tiempo Real

Descripción:

- **Enfoque:** Evalúa la rapidez con la que el nuevo sistema y los métodos actuales responden a cambios en datos y condiciones de mercado.
- **Método:** Realiza pruebas de respuesta en tiempo real para comparar el tiempo que tarda cada método en actualizar y proporcionar resultados cuando se introducen nuevos datos.

3.3. Comparación de Tiempo de Carga y Preprocesamiento

Descripción:

- **Enfoque:** Compara el tiempo requerido para la carga y preprocesamiento de datos entre el nuevo sistema y los métodos actuales.
- **Método:** Mide el tiempo necesario para preparar datos en cada sistema y compara la eficiencia en la preparación de datos para el procesamiento y análisis.

4. Resultados y Análisis

4.1. Resultados de la Comparación

Descripción:

- **Enfoque:** Presenta los resultados de la comparación en términos de tiempo de procesamiento y eficiencia.
- **Método:** Utiliza tablas y gráficos para ilustrar los tiempos de ejecución, respuesta y preprocesamiento del nuevo sistema en comparación con los métodos actuales. Incluye análisis estadísticos para destacar diferencias significativas.

4.2. Interpretación de Resultados

Descripción:

- **Enfoque:** Interpreta los resultados de la comparación para identificar las mejoras en eficiencia y los posibles desafíos del nuevo sistema.
- **Método:** Discute cómo el nuevo sistema mejora la eficiencia en comparación con los métodos actuales y explica las razones detrás de cualquier aumento en la rapidez del

procesamiento. Aborda las limitaciones del nuevo sistema y su rendimiento en diferentes contextos.

4.3. Recomendaciones y Conclusiones

Descripción:

- **Enfoque:** Ofrece recomendaciones basadas en los resultados de la evaluación de eficiencia y sugiere pasos para la implementación del sistema.
- **Método:** Proporciona conclusiones sobre la eficacia del nuevo sistema en términos de tiempo de procesamiento y eficiencia. Sugiere posibles ajustes o mejoras para optimizar aún más el rendimiento del sistema.

Conclusión

La eficiencia en el tiempo de procesamiento es fundamental para la utilidad y aplicabilidad del sistema de valoración financiera. La comparación de tiempos de ejecución, respuesta en tiempo real y tiempos de carga de datos entre el nuevo sistema y los métodos actuales proporciona una visión clara de las mejoras en eficiencia.

Evaluar el rendimiento del sistema en entornos controlados, reales y a gran escala permite identificar las ventajas y limitaciones del nuevo enfoque. La capacidad del sistema para mantener un rendimiento eficiente bajo diferentes condiciones es esencial para su éxito y adopción en el campo de la valoración financiera.

4.1. Casos Reales y Simulaciones

La aplicación práctica del nuevo sistema de valoración es crucial para demostrar su efectividad y utilidad en situaciones del mundo real. Los casos reales y las simulaciones proporcionan una perspectiva valiosa sobre cómo el sistema se desempeña en contextos financieros reales y en escenarios controlados. Esta sección explora cómo se han aplicado el nuevo sistema en casos reales y cómo se ha evaluado su rendimiento mediante simulaciones.

1. Aplicaciones en Casos Reales

1.1. Análisis de Valoración de Activos

Descripción:

- **Enfoque:** Aplicación del sistema para valorar activos financieros en mercados reales.
- **Método:** Utiliza datos históricos y actuales para aplicar el sistema de valoración a una variedad de activos, como acciones, bonos y bienes raíces. Compara las valoraciones obtenidas con las proporcionadas por métodos tradicionales y analiza la precisión y relevancia de los resultados.

1.2. Evaluación de Proyectos de Inversión

Descripción:

- **Enfoque:** Aplicación del sistema para evaluar proyectos de inversión en condiciones del mercado real.
- **Método:** Implementa el sistema en la valoración de proyectos de inversión, considerando variables como flujos de caja esperados, tasas de descuento y riesgos asociados. Compara las recomendaciones del sistema con las evaluaciones realizadas mediante métodos convencionales.

1.3. Análisis de Riesgos y Rendimientos

Descripción:

- **Enfoque:** Uso del sistema para analizar y gestionar riesgos y rendimientos en carteras de inversión.
- **Método:** Aplica el sistema para evaluar el perfil de riesgo y retorno de diferentes carteras de inversión. Examina cómo el sistema ayuda a identificar oportunidades y gestionar riesgos en comparación con métodos de análisis tradicionales.

2. Simulaciones

2.1. Simulación de Estrategias de Inversión

Descripción:

- **Enfoque:** Prueba del sistema mediante simulaciones de diferentes estrategias de inversión.
- **Método:** Crea simulaciones basadas en datos históricos y escenarios hipotéticos para evaluar cómo el sistema valora distintas estrategias de inversión. Analiza el rendimiento del sistema en la identificación de estrategias efectivas y la optimización de resultados.

2.2. Escenarios de Estrés y Pruebas de Robustez

Descripción:

- **Enfoque:** Evaluación de la robustez del sistema mediante pruebas de escenarios de estrés.
- **Método:** Implementa simulaciones que introducen condiciones extremas y situaciones de mercado adversas para probar la capacidad del sistema para mantener la precisión y eficiencia bajo presión. Examina cómo el sistema maneja eventos inesperados y cambios drásticos en el mercado.

2.3. Análisis de Sensibilidad a Parámetros

Descripción:

- **Enfoque:** Evaluación de cómo el sistema responde a variaciones en los parámetros y supuestos.
- **Método:** Realiza simulaciones que alteran diferentes parámetros, como tasas de interés, tasas de crecimiento y volatilidad, para analizar la sensibilidad del sistema a cambios en las entradas. Evalúa la estabilidad de las

valoraciones y las recomendaciones frente a variaciones en los parámetros clave.

3. Resultados y Análisis

3.1. Resultados de Casos Reales

Descripción:

- **Enfoque:** Presenta los resultados obtenidos al aplicar el sistema en casos reales.
- **Método:** Utiliza estudios de caso y ejemplos específicos para ilustrar cómo el sistema ha proporcionado valor en la práctica. Incluye comparaciones de las valoraciones realizadas con el sistema frente a los métodos tradicionales y discute las ventajas y desventajas observadas.

3.2. Resultados de Simulaciones

Descripción:

- **Enfoque:** Presenta los resultados de las simulaciones realizadas con el sistema.

- **Método:** Analiza los resultados de las simulaciones en términos de precisión, robustez y capacidad de adaptación del sistema. Utiliza gráficos y tablas para mostrar cómo el sistema se desempeñó en diferentes escenarios y pruebas de estrés.

3.3. Interpretación de Resultados

Descripción:

- **Enfoque:** Interpreta los resultados de las aplicaciones prácticas y las simulaciones.
- **Método:** Discute cómo el sistema ha demostrado su eficacia en casos reales y simulaciones, destacando las áreas de éxito y las oportunidades para mejoras. Examina cómo los resultados apoyan la viabilidad del sistema y su capacidad para ser integrado en procesos financieros reales.

4. Conclusiones y Recomendaciones

4.1. Conclusiones sobre Aplicaciones Prácticas

Descripción:

- **Enfoque:** Ofrece conclusiones basadas en los resultados de casos reales y simulaciones.
- **Método:** Resume las principales conclusiones sobre la aplicabilidad y efectividad del sistema en situaciones reales y simuladas. Destaca las fortalezas y áreas de mejora identificadas durante la evaluación.

4.2. Recomendaciones para Implementación

Descripción:

- **Enfoque:** Proporciona recomendaciones para la implementación del sistema basado en las aplicaciones prácticas.
- **Método:** Sugiere pasos para la integración del sistema en procesos financieros reales, incluyendo consideraciones para su adopción y posibles ajustes necesarios para optimizar el rendimiento.

Conclusión

La evaluación de aplicaciones prácticas mediante casos reales y simulaciones proporciona una visión integral de la efectividad y utilidad del nuevo sistema de valoración. Analizar cómo el sistema se desempeña en contextos reales y bajo condiciones simuladas permite validar su rendimiento y adaptabilidad. Estos resultados son fundamentales para demostrar el valor del sistema y guiar su implementación en entornos financieros reales, asegurando que pueda cumplir con los requisitos y expectativas del mercado.

1.1. Resultados del Sistema Propuesto

En esta sección se presentan los resultados obtenidos al aplicar el nuevo sistema de valoración propuesto en diferentes contextos financieros. La presentación de los resultados está diseñada para ofrecer una visión clara y detallada de cómo el sistema se desempeña en comparación con los métodos tradicionales y los criterios de evaluación establecidos. Los resultados incluyen análisis de precisión, eficiencia y aplicabilidad en situaciones reales y simuladas.

1. Resultados Generales del Sistema

1.1. Evaluación de Precisión

Descripción:

- **Enfoque:** Analiza la exactitud de las valoraciones generadas por el nuevo sistema en comparación con las valoraciones obtenidas mediante métodos tradicionales.
- **Método:** Utiliza métricas como el Error Cuadrático Medio (MSE), el Error Absoluto Medio (MAE) y el Coeficiente de Determinación (R^2) para medir la precisión del sistema en diferentes tipos de activos y escenarios de inversión.

Resultados:

- **Errores Medidos:** Presenta los valores de MSE y MAE obtenidos con el nuevo sistema y compara estos con los errores de los métodos tradicionales.
- **Gráficos y Tablas:** Incluye gráficos y tablas que ilustran la precisión del sistema en comparación con los métodos existentes para facilitar la interpretación de los resultados.

1.2. Evaluación de Eficiencia en Tiempo de Procesamiento

Descripción:

- **Enfoque:** Mide el tiempo requerido para realizar valoraciones y cálculos con el nuevo sistema.
- **Método:** Compara el tiempo de ejecución, el tiempo de respuesta en tiempo real y el tiempo de carga de datos con los métodos tradicionales.

Resultados:

- **Tiempos Medidos:** Presenta los tiempos promedio de procesamiento y respuesta en diferentes condiciones.
- **Comparación:** Incluye gráficos y tablas que muestran cómo el nuevo sistema se compara en términos de eficiencia con los métodos tradicionales.

1.3. Resultados de Aplicaciones Prácticas y Simulaciones

Descripción:

- **Enfoque:** Resume los resultados obtenidos en casos reales y simulaciones realizadas con el nuevo sistema.

- **Método:** Presenta las valoraciones obtenidas en estudios de caso y escenarios simulados, y compara los resultados con los de métodos tradicionales y otros sistemas de valoración.

Resultados:

- **Casos Reales:** Ofrece ejemplos específicos de cómo el sistema ha sido aplicado en valoraciones de activos y proyectos de inversión.
- **Simulaciones:** Muestra los resultados de las simulaciones, incluyendo el rendimiento del sistema en diferentes escenarios de estrés y análisis de sensibilidad.

2. Análisis Comparativo

2.1. Comparación con Métodos Tradicionales

Descripción:

- **Enfoque:** Realiza una comparación directa entre los resultados del nuevo sistema y los métodos tradicionales de valoración.

- **Método:** Analiza las diferencias en precisión, eficiencia y aplicabilidad. Examina cómo el nuevo sistema mejora o iguala a los métodos existentes en términos de resultados y rendimiento.

Resultados:

- **Diferencias Clave:** Destaca las principales diferencias en precisión y eficiencia entre el nuevo sistema y los métodos tradicionales.
- **Gráficos Comparativos:** Utiliza gráficos y tablas para ilustrar las diferencias en resultados y rendimiento.

2.2. Comparación con Técnicas Emergentes

Descripción:

- **Enfoque:** Compara el nuevo sistema con técnicas emergentes como machine learning y modelos cuantitativos avanzados.

- **Método:** Evalúa cómo el nuevo sistema se posiciona en relación con otras técnicas modernas en términos de precisión, eficiencia y aplicabilidad.

Resultados:

- **Rendimiento Relativo:** Presenta comparaciones del rendimiento del nuevo sistema frente a técnicas emergentes, incluyendo análisis de ventajas y desventajas.
- **Visualización:** Incluye gráficos y tablas que muestran cómo el sistema se compara con técnicas emergentes en diferentes contextos.

3. Interpretación de Resultados

3.1. Conclusiones sobre Precisión y Eficiencia

Descripción:

- **Enfoque:** Interpreta los resultados obtenidos en términos de la precisión y eficiencia del nuevo sistema.

- **Método:** Discute cómo el sistema cumple con los objetivos de precisión y eficiencia, y cómo sus resultados se comparan con los de los métodos tradicionales.

Conclusiones:

- **Logros:** Resalta los aspectos en los que el sistema supera a los métodos tradicionales y otros enfoques.
- **Limitaciones:** Identifica cualquier limitación observada en el rendimiento del sistema y sugiere áreas para mejora.

3.2. Implicaciones Prácticas

Descripción:

- **Enfoque:** Examina las implicaciones de los resultados para su aplicación en el campo de la valoración financiera.
- **Método:** Discute cómo los resultados del sistema pueden influir en las prácticas de valoración financiera y en la toma de decisiones de inversión.

Conclusiones:

- **Impacto:** Analiza el impacto del sistema en la práctica financiera y las posibles ventajas para los profesionales del sector.

- **Recomendaciones:** Ofrece recomendaciones para la implementación del sistema basadas en los resultados obtenidos.

Conclusión

La presentación y análisis de los resultados del nuevo sistema de valoración proporcionan una visión detallada de su rendimiento en comparación con métodos tradicionales y técnicas emergentes. Evaluar la precisión, eficiencia y aplicabilidad del sistema en casos reales y simulaciones ofrece una comprensión completa de su efectividad. Los resultados destacarán las fortalezas del sistema y las áreas donde puede haber oportunidades para mejoras, proporcionando una base sólida para su adopción y aplicación en el campo financiero.

1.2. Comparativa con Métodos Tradicionales

La comparativa con métodos tradicionales es esencial para evaluar la efectividad del nuevo sistema de valoración en relación con los enfoques establecidos en la práctica financiera. Esta sección presenta un análisis detallado de cómo el nuevo sistema se compara con los métodos tradicionales en términos de precisión, eficiencia y aplicabilidad. Se incluyen tanto análisis cuantitativos como cualitativos para proporcionar una visión completa de las diferencias y ventajas.

1. Métodos Tradicionales de Valoración

1.1. Descripción de Métodos Tradicionales

1.1.1. Flujos de Caja Descontados (DCF)

- **Descripción:** Método que estima el valor presente de los flujos de caja futuros esperados, descontados a una tasa de descuento que refleja el riesgo asociado.
- **Ventajas:** Basado en fundamentos económicos sólidos, proporciona una evaluación detallada de los flujos de caja futuros.

- **Desventajas:** Sensible a las suposiciones sobre tasas de descuento y proyecciones de flujo de caja.

1.1.2. Modelos Basados en el Capital de Activos (CAPM)

- **Descripción:** Modelo que determina el rendimiento esperado de un activo basado en su riesgo sistemático, medido por el beta.
- **Ventajas:** Proporciona una forma estructurada de evaluar el rendimiento esperado ajustado al riesgo.
- **Desventajas:** Supone mercados eficientes y puede no capturar todos los factores de riesgo.

1.1.3. Valoración por Múltiplos Financieros

- **Descripción:** Método que utiliza múltiplos financieros como P/E (precio/ganancias) o EV/EBITDA para valorar empresas en comparación con sus pares.
- **Ventajas:** Sencillo y fácil de aplicar; útil para comparaciones rápidas.

- **Desventajas:** Depende de la disponibilidad de comparables adecuados y puede no reflejar diferencias significativas en riesgos o perspectivas de crecimiento.

1.1.4. Modelo de Black-Scholes para Opciones

- **Descripción:** Modelo utilizado para valorar opciones financieras basándose en variables como el precio del activo subyacente, la volatilidad y el tiempo hasta el vencimiento.
- **Ventajas:** Proporciona una fórmula explícita para valorar opciones.
- **Desventajas:** Basado en supuestos que pueden no cumplir en la práctica, como la volatilidad constante.

1.1.5. Modelos de Árboles Binomiales y Trinomial

- **Descripción:** Modelos que valoran opciones a través de la simulación de múltiples escenarios de precios en el tiempo.
- **Ventajas:** Flexible y capaz de manejar opciones exóticas y características americanas.
- **Desventajas:** Puede ser computacionalmente intensivo y complejo para opciones con múltiples factores.

2. Comparación del Nuevo Sistema con Métodos Tradicionales

2.1. Precisión en Valoración

2.1.1. Métodos de Comparación

- **Enfoque:** Compara la precisión del nuevo sistema con la precisión de los métodos tradicionales utilizando métricas estándar.
- **Método:** Emplea métricas de error como MSE y MAE para evaluar cómo se alinean las valoraciones del nuevo sistema con las realizadas por métodos tradicionales.

2.1.2. Resultados de Comparación

- **Datos Comparativos:** Presenta tablas y gráficos que muestran los errores de valoración del nuevo sistema frente a los métodos tradicionales.
- **Análisis:** Discute cómo el nuevo sistema ha logrado una mayor precisión o ha superado las limitaciones de los métodos tradicionales en términos de exactitud.

2.2. Eficiencia en Tiempo de Procesamiento

2.2.1. Métodos de Comparación

- **Enfoque:** Mide el tiempo de procesamiento y la eficiencia del nuevo sistema en comparación con los métodos tradicionales.
- **Método:** Compara los tiempos de ejecución y respuesta en tiempo real del nuevo sistema con los de métodos como DCF y CAPM.

2.2.2. Resultados de Comparación

- **Datos Comparativos:** Incluye gráficos y tablas que muestran el tiempo promedio de procesamiento del nuevo sistema en comparación con los métodos tradicionales.
- **Análisis:** Evalúa cómo el nuevo sistema mejora la eficiencia en el tiempo de procesamiento y si puede ofrecer valor en situaciones que requieren una rápida toma de decisiones.

2.3. Aplicabilidad y Flexibilidad

2.3.1. Métodos de Comparación

- **Enfoque:** Evalúa la aplicabilidad del nuevo sistema en diversos contextos y su flexibilidad en comparación con los métodos tradicionales.
- **Método:** Analiza cómo el nuevo sistema maneja diferentes tipos de activos, escenarios de inversión y condiciones de mercado en comparación con los métodos tradicionales.

2.3.2. Resultados de Comparación

- **Datos Comparativos:** Presenta estudios de caso y ejemplos prácticos que muestran cómo el nuevo sistema se adapta a diferentes situaciones en comparación con los métodos tradicionales.
- **Análisis:** Discute las ventajas del nuevo sistema en términos de flexibilidad y capacidad para abordar situaciones complejas que pueden ser difíciles para los métodos tradicionales.

3. Interpretación de Resultados

3.1. Conclusiones sobre Precisión y Eficiencia

Descripción:

- **Enfoque:** Interpreta cómo el nuevo sistema mejora o se alinea con respecto a los métodos tradicionales en términos de precisión y eficiencia.
- **Método:** Resume las principales ventajas del nuevo sistema en comparación con los métodos tradicionales y discute cualquier limitación observada.

Conclusiones:

- **Ventajas:** Resalta las mejoras en precisión y eficiencia que ofrece el nuevo sistema sobre los métodos tradicionales.
- **Limitaciones:** Identifica áreas donde el nuevo sistema puede no superar a los métodos tradicionales y sugiere posibles mejoras.

3.2. Implicaciones para la Práctica Financiera

Descripción:

- **Enfoque:** Examina cómo las diferencias entre el nuevo sistema y los métodos tradicionales pueden impactar en la práctica de valoración financiera.
- **Método:** Discute las implicaciones de los resultados para los profesionales financieros y la posible adopción del nuevo sistema.

Conclusiones:

- **Impacto:** Analiza cómo el nuevo sistema puede transformar las prácticas de valoración y ofrecer ventajas en la toma de decisiones financieras.
- **Recomendaciones:** Ofrece recomendaciones para la implementación y el uso del nuevo sistema en comparación con los métodos tradicionales.

Conclusión

La comparativa con métodos tradicionales proporciona una evaluación detallada de cómo el nuevo sistema de valoración se desempeña en comparación con los enfoques establecidos. Analizar la precisión, eficiencia y aplicabilidad del nuevo sistema frente a los métodos tradicionales ofrece una comprensión clara de sus ventajas y áreas de mejora. Los resultados y conclusiones destacan cómo el nuevo sistema puede aportar valor en la práctica financiera y contribuir a una toma de decisiones más informada y eficiente.

2.1. Precisión y Reducción de Errores

La evaluación de la eficiencia del nuevo sistema de valoración incluye una análisis exhaustivo de su precisión y capacidad para reducir errores en comparación con métodos tradicionales. Esta sección explora cómo el sistema propuesto mejora la exactitud de las valoraciones y minimiza los errores inherentes a los métodos convencionales.

1. Definición de Precisión y Errores

1.1. Conceptos Clave

Precisión:

- **Definición:** La capacidad del sistema para proporcionar valoraciones cercanas al valor real o al valor de mercado conocido de un activo. Una alta precisión significa que las valoraciones del sistema se alinean estrechamente con valores reales.
- **Importancia:** La precisión es fundamental para la confianza en el sistema de valoración y su utilidad en la toma de decisiones financieras.

Errores:

- **Tipos de Errores:** Incluye errores sistemáticos (sesgos) y errores aleatorios (variabilidad). Los errores sistemáticos se deben a defectos en el modelo o supuestos incorrectos, mientras que los errores aleatorios son variaciones impredecibles.
- **Impacto:** Los errores pueden afectar la calidad de las decisiones basadas en las valoraciones del sistema, por lo que reducirlos es esencial para mejorar la eficiencia.

2. Métodos de Evaluación de Precisión

2.1. Métodos Cuantitativos para Medir Precisión

2.1.1. Error Cuadrático Medio (MSE)

- **Descripción:** Mide la media de los cuadrados de los errores entre las valoraciones del sistema y los valores reales. Un MSE más bajo indica mayor precisión.
- **Cálculo:** $MSE = \frac{1}{n}\sum_{i=1}^{n}(V_i - \hat{V}_i)^2$ donde V_i es el valor real y $\hat{V}_i$ es el valor estimado por el sistema.

2.1.2. Error Absoluto Medio (MAE)

- **Descripción:** Mide la media de los valores absolutos de los errores entre las valoraciones del sistema y los valores reales. Un MAE más bajo indica mayor precisión.
- **Cálculo:** $MAE = \frac{1}{n}\sum_{i=1}^{n}|V_i - \hat{V}_i|$

2.1.3. Coeficiente de Determinación (R^2)

- **Descripción:** Indica la proporción de la varianza en los valores reales que es explicada por el sistema de valoración. Un R^2 más cercano a 1 sugiere una alta precisión.

- **Cálculo:** $R^2 = 1 - \frac{\sum_{i=1}^{n}(V_i - \hat{V}_i)^2}{\sum_{i=1}^{n}(V_i - \bar{V})^2}$ donde $\bar{V}$ es el valor medio de los valores reales.

2.2. Métodos Comparativos para Evaluar Precisión

2.2.1. Comparación con Métodos Tradicionales

- **Enfoque:** Compara las métricas de precisión del nuevo sistema con las de métodos tradicionales como DCF, CAPM y otros.
- **Método:** Utiliza conjuntos de datos similares para aplicar ambos métodos y medir los errores y precisión de cada uno.

2.2.2. Resultados Comparativos

- **Datos Comparativos:** Presenta tablas y gráficos que muestran las métricas de precisión (MSE, MAE, R^2) del nuevo sistema frente a los métodos tradicionales.
- **Análisis:** Discute cómo el nuevo sistema ha demostrado una mayor precisión en comparación con los métodos tradicionales, destacando cualquier mejora significativa.

3. Reducción de Errores

3.1. Estrategias de Reducción de Errores

3.1.1. Mejora de Modelos y Supuestos

- **Descripción:** Examina cómo el nuevo sistema aborda y corrige los errores sistemáticos presentes en los modelos tradicionales.
- **Método:** Analiza la capacidad del sistema para ajustar sus supuestos y parámetros para minimizar errores.

3.1.2. Incorporación de Datos Adicionales

- **Descripción:** Evalúa cómo la integración de datos adicionales y más precisos contribuye a la reducción de errores.
- **Método:** Compara el rendimiento del sistema utilizando conjuntos de datos ampliados frente a conjuntos de datos más limitados.

3.2. Resultados de Reducción de Errores

3.2.1. Resultados de Pruebas de Reducción de Errores

- **Descripción:** Presenta los resultados de las pruebas realizadas para evaluar cómo el nuevo sistema ha reducido errores en comparación con los métodos tradicionales.
- **Método:** Utiliza gráficos y tablas para mostrar la reducción de errores en diferentes contextos y para diferentes tipos de activos.

3.2.2. Análisis de Mejora en la Precisión

- **Descripción:** Discute cómo el nuevo sistema ha mejorado la precisión en la valoración al reducir errores, comparado con los métodos tradicionales.
- **Resultados:** Resalta los logros en la reducción de errores y cómo estos han impactado positivamente en la precisión general del sistema.

4. Interpretación de Resultados

4.1. Conclusiones sobre Precisión

Descripción:

- **Enfoque:** Interpreta cómo la precisión del nuevo sistema se compara con los métodos tradicionales y qué mejoras se han logrado.
- **Método:** Resume los hallazgos clave en términos de precisión, destacando cómo el nuevo sistema ha superado a los métodos tradicionales en la reducción de errores.

Conclusiones:

- **Mejoras en Precisión:** Expone las áreas en las que el nuevo sistema ha demostrado ser más preciso y eficiente en la reducción de errores.
- **Limitaciones:** Identifica cualquier limitación en la precisión del sistema y posibles áreas de mejora.

4.2. Implicaciones para la Toma de Decisiones Financieras

Descripción:

- **Enfoque:** Examina cómo la mayor precisión y reducción de errores del nuevo sistema pueden influir en la toma de decisiones financieras.
- **Método:** Discute las implicaciones prácticas para los profesionales financieros y la importancia de la precisión en la toma de decisiones.

Conclusiones:

- **Impacto en Decisiones:** Analiza cómo la mejora en la precisión puede llevar a decisiones financieras más informadas y efectivas.
- **Recomendaciones:** Ofrece recomendaciones para la adopción del nuevo sistema basado en su capacidad para reducir errores y mejorar la precisión.

Conclusión

La evaluación de la precisión y la reducción de errores del nuevo sistema de valoración demuestra su capacidad para superar las limitaciones de los métodos tradicionales. Analizar cómo el sistema mejora la precisión y minimiza errores proporciona una comprensión clara de su eficiencia y efectividad. Estos resultados son fundamentales para validar el sistema y apoyar su implementación en la práctica financiera, ofreciendo un recurso valioso para una toma de decisiones más precisa y confiable.

2.2. Tiempo de Procesamiento y Recursos

La evaluación del tiempo de procesamiento y el uso de recursos es crucial para determinar la eficiencia operativa del nuevo sistema de valoración en comparación con los métodos tradicionales. Esta sección analiza cómo el sistema propuesto maneja el tiempo requerido para realizar cálculos y la cantidad de recursos necesarios, tales como memoria y capacidad de procesamiento.

1. Definición de Tiempo de Procesamiento y Recursos

1.1. Tiempo de Procesamiento

- **Definición:** El tiempo necesario para completar una valoración financiera desde el inicio hasta el resultado final.

Incluye la carga de datos, el cálculo de valoraciones y la presentación de resultados.

- **Importancia:** Un tiempo de procesamiento más corto mejora la eficiencia y permite una toma de decisiones más rápida, especialmente en entornos financieros que requieren respuestas en tiempo real.

1.2. Uso de Recursos

- **Definición:** La cantidad de recursos computacionales, como CPU, memoria RAM y almacenamiento, que el sistema requiere para operar eficientemente.
- **Importancia:** Un uso eficiente de los recursos asegura que el sistema pueda ser implementado en diversas infraestructuras tecnológicas sin necesidad de hardware costoso o especializado.

2. Métodos de Evaluación del Tiempo de Procesamiento

2.1. Medición del Tiempo de Ejecución

2.1.1. Tiempo de Procesamiento de Valoraciones

- **Descripción:** Mide el tiempo promedio requerido para calcular y proporcionar valoraciones utilizando el nuevo sistema.
- **Método:** Realiza pruebas con diferentes tipos de activos y conjuntos de datos para medir el tiempo necesario para obtener resultados.

2.1.2. Tiempo de Respuesta en Tiempo Real

- **Descripción:** Evalúa el tiempo que el sistema tarda en proporcionar valoraciones en un entorno de tiempo real, simulando condiciones de mercado activas.
- **Método:** Utiliza escenarios de alta frecuencia de transacciones y datos en tiempo real para medir la rapidez del sistema en estas condiciones.

2.2. Comparación con Métodos Tradicionales

2.2.1. Tiempo de Procesamiento de Métodos Tradicionales

- **Descripción:** Compara el tiempo de procesamiento del nuevo sistema con el tiempo requerido por métodos tradicionales como DCF, CAPM, y otros.
- **Método:** Realiza pruebas comparativas utilizando los mismos conjuntos de datos y condiciones para obtener un análisis justo.

2.2.2. Resultados Comparativos

- **Datos Comparativos:** Presenta tablas y gráficos que muestran los tiempos de procesamiento del nuevo sistema en comparación con los métodos tradicionales.
- **Análisis:** Discute cualquier mejora significativa en el tiempo de procesamiento y cómo esto afecta la eficiencia del sistema.

3. Métodos de Evaluación del Uso de Recursos

3.1. Medición del Consumo de Recursos

3.1.1. Uso de CPU y Memoria

- **Descripción:** Mide la cantidad de capacidad de CPU y memoria RAM utilizada por el sistema durante el procesamiento de valoraciones.
- **Método:** Realiza pruebas para determinar el uso de recursos bajo diferentes cargas de trabajo y tamaños de conjuntos de datos.

3.1.2. Requisitos de Almacenamiento

- **Descripción:** Evalúa el espacio de almacenamiento necesario para manejar datos y resultados generados por el sistema.
- **Método:** Calcula el espacio requerido para almacenar los datos de entrada, los resultados de las valoraciones y cualquier archivo intermedio.

3.2. Comparación con Métodos Tradicionales

3.2.1. Uso de Recursos en Métodos Tradicionales

- **Descripción:** Compara el uso de CPU, memoria y almacenamiento del nuevo sistema con el consumo de recursos de métodos tradicionales.

- **Método:** Realiza pruebas comparativas utilizando el mismo hardware y condiciones de prueba para una evaluación equitativa.

3.2.2. Resultados Comparativos

- **Datos Comparativos:** Presenta gráficos y tablas que muestran el uso de recursos del nuevo sistema frente a los métodos tradicionales.
- **Análisis:** Discute cómo el nuevo sistema mejora la eficiencia en el uso de recursos y si ofrece ventajas en términos de requisitos tecnológicos.

4. Interpretación de Resultados

4.1. Conclusiones sobre Tiempo de Procesamiento

Descripción:

- **Enfoque:** Interpreta cómo el nuevo sistema ha mejorado o igualado el tiempo de procesamiento en comparación con los métodos tradicionales.

- **Método:** Resume los hallazgos clave en términos de eficiencia del tiempo de procesamiento y el impacto en la toma de decisiones.

Conclusiones:

- **Ventajas en Tiempo de Procesamiento:** Expone cómo el nuevo sistema ha reducido el tiempo necesario para realizar valoraciones y los beneficios que esto conlleva.
- **Limitaciones:** Identifica cualquier limitación en el tiempo de procesamiento y posibles áreas para optimización.

4.2. Conclusiones sobre Uso de Recursos

Descripción:

- **Enfoque:** Interpreta cómo el nuevo sistema ha logrado un uso más eficiente de los recursos en comparación con los métodos tradicionales.
- **Método:** Resume los hallazgos clave sobre el uso de CPU, memoria y almacenamiento, y discute las implicaciones para la infraestructura tecnológica.

Conclusiones:

- **Eficiencia en Uso de Recursos:** Resalta cómo el nuevo sistema ha optimizado el uso de recursos y los beneficios asociados a esta eficiencia.
- **Recomendaciones:** Ofrece recomendaciones para la implementación y el ajuste del sistema basado en su uso de recursos y eficiencia operativa.

Conclusión

La evaluación del tiempo de procesamiento y el uso de recursos proporciona una visión detallada de la eficiencia operativa del nuevo sistema de valoración. Analizar cómo el sistema mejora la rapidez en el procesamiento y la eficiencia en el uso de recursos en comparación con métodos tradicionales ayuda a validar su efectividad y viabilidad. Estos resultados son fundamentales para garantizar que el sistema pueda ser implementado de manera efectiva y eficiente en entornos financieros reales, ofreciendo beneficios en términos de tiempo y costos operativos.

3.1. Gráficos y Tablas

El análisis de datos es una parte crucial para la evaluación de la eficacia del nuevo sistema de valoración. Los gráficos y tablas proporcionan una representación visual y cuantitativa de los resultados obtenidos, facilitando la interpretación de los datos y la comparación con los métodos tradicionales. Esta sección detalla cómo se presentan y analizan los datos mediante gráficos y tablas para evaluar la precisión, eficiencia y mejoras del sistema.

1. Tipos de Gráficos y Tablas Utilizados

1.1. Gráficos de Comparación de Precisión

1.1.1. Gráfico de Barras de Error Cuadrático Medio (MSE)

- **Descripción:** Representa el MSE del nuevo sistema frente a los métodos tradicionales.
- **Propósito:** Muestra la precisión del nuevo sistema en comparación con los métodos tradicionales, destacando las diferencias en la magnitud de los errores.

- **Ejemplo:** Un gráfico de barras con diferentes colores para el nuevo sistema y los métodos tradicionales, donde cada barra representa el MSE para diferentes tipos de activos.

1.1.2. Gráfico de Líneas de Error Absoluto Medio (MAE)

- **Descripción:** Ilustra el MAE del nuevo sistema y de los métodos tradicionales a lo largo de diferentes escenarios de valoración.
- **Propósito:** Permite visualizar cómo varía el MAE en diferentes contextos y compara el desempeño del nuevo sistema con los métodos existentes.
- **Ejemplo:** Un gráfico de líneas con dos o más líneas que representan el MAE para cada método a través de distintos escenarios o tipos de activos.

1.2. Gráficos de Tiempo de Procesamiento y Recursos

1.2.1. Gráfico de Barras de Tiempo de Procesamiento

- **Descripción:** Muestra el tiempo promedio de procesamiento para el nuevo sistema en comparación con los métodos tradicionales.

- **Propósito:** Destaca la eficiencia en términos de tiempo que ofrece el nuevo sistema frente a los métodos tradicionales.

- **Ejemplo:** Un gráfico de barras con diferentes colores que representen el tiempo de procesamiento para cada método bajo las mismas condiciones de prueba.

1.2.2. Gráfico de Dispersión del Uso de Recursos

- **Descripción:** Representa el uso de recursos (CPU, memoria, almacenamiento) en función del tamaño de los datos o el número de valoraciones.

- **Propósito:** Visualiza cómo el nuevo sistema utiliza los recursos comparado con los métodos tradicionales y evalúa su eficiencia operativa.

- **Ejemplo:** Un gráfico de dispersión con puntos que representan el uso de recursos para diferentes métodos y condiciones.

1.3. Tablas Comparativas

1.3.1. Tabla de Métricas de Precisión

- **Descripción:** Resume las métricas de precisión (MSE, MAE, R^2) para el nuevo sistema y los métodos tradicionales.
- **Propósito:** Ofrece una visión cuantitativa de cómo se compara el nuevo sistema en términos de precisión con los métodos existentes.
- **Ejemplo:** Una tabla con filas para cada método y columnas para cada métrica de precisión, mostrando valores numéricos y diferencias entre métodos.

1.3.2. Tabla de Tiempo de Procesamiento y Uso de Recursos

- **Descripción:** Detalla el tiempo de procesamiento y el uso de recursos para el nuevo sistema y los métodos tradicionales.
- **Propósito:** Facilita la comparación directa de la eficiencia operativa y el uso de recursos entre el nuevo sistema y los métodos existentes.

- **Ejemplo:** Una tabla con filas para cada método y columnas para diferentes métricas de tiempo y uso de recursos, proporcionando valores numéricos y comparaciones.

2. Interpretación de Gráficos y Tablas

2.1. Análisis de Precisión

2.1.1. Comparación Visual de Precisión

- **Descripción:** Analiza los gráficos de barras y líneas para evaluar cómo el nuevo sistema mejora la precisión en comparación con los métodos tradicionales.
- **Método:** Examina las diferencias en los errores (MSE, MAE) y discute cómo el nuevo sistema ofrece una mayor precisión en las valoraciones.

2.1.2. Resumen de Datos Cuantitativos

- **Descripción:** Resume los datos de las tablas de precisión para destacar las mejoras en el nuevo sistema.

- **Método:** Comenta las métricas clave y cómo el nuevo sistema se posiciona en relación con los métodos tradicionales.

2.2. Análisis de Tiempo de Procesamiento y Recursos

2.2.1. Comparación de Eficiencia

- **Descripción:** Analiza los gráficos de barras de tiempo de procesamiento para evaluar la rapidez del nuevo sistema en comparación con los métodos tradicionales.
- **Método:** Discute cómo el nuevo sistema reduce el tiempo necesario para realizar valoraciones y las implicaciones para la eficiencia operativa.

2.2.2. Evaluación del Uso de Recursos

- **Descripción:** Examina los gráficos de dispersión y las tablas de uso de recursos para evaluar la eficiencia en el uso de CPU, memoria y almacenamiento.

- **Método:** Comenta cómo el nuevo sistema optimiza el uso de recursos y cómo esto impacta en la infraestructura tecnológica.

3. Conclusiones del Análisis de Datos

3.1. Conclusiones sobre Precisión

Descripción:

- **Enfoque:** Resume las conclusiones sobre cómo el nuevo sistema ha mejorado la precisión de las valoraciones.
- **Método:** Destaca las diferencias clave en las métricas de precisión y cómo estas mejoras afectan la utilidad del sistema.

Conclusiones:

- **Mejoras en Precisión:** Expone cómo el nuevo sistema ha logrado una mayor precisión en comparación con los métodos tradicionales.

- **Implicaciones:** Discute cómo estas mejoras en precisión benefician la toma de decisiones financieras.

3.2. Conclusiones sobre Tiempo de Procesamiento y Recursos

Descripción:

- **Enfoque:** Resume las conclusiones sobre la eficiencia en el tiempo de procesamiento y el uso de recursos del nuevo sistema.
- **Método:** Destaca cómo el nuevo sistema mejora la eficiencia operativa y reduce la necesidad de recursos en comparación con los métodos tradicionales.

Conclusiones:

- **Eficiencia Operativa:** Expone cómo la reducción en el tiempo de procesamiento y el uso más eficiente de recursos contribuyen a una mayor eficacia del sistema.
- **Impacto en Implementación:** Discute las implicaciones para la implementación y el uso del nuevo sistema en entornos financieros reales.

Conclusión

La presentación y análisis de gráficos y tablas ofrecen una visión clara y detallada de la eficacia del nuevo sistema de valoración. Estos datos visuales y cuantitativos permiten una evaluación comprensible y completa de la precisión, eficiencia y uso de recursos del sistema, facilitando la comparación con métodos tradicionales y proporcionando una base sólida para la validación y adopción del nuevo enfoque.

10.1. Interpretación de Resultados

La interpretación de resultados es una parte esencial de la discusión en una tesis doctoral, ya que proporciona un análisis profundo y comprensivo de los datos obtenidos, contextualiza los hallazgos y explica sus implicaciones. En esta sección, se exploran los resultados del nuevo sistema de valoración en comparación con los métodos tradicionales, se examina la significancia de las mejoras obtenidas y se consideran las posibles aplicaciones y limitaciones del sistema propuesto.

1. Análisis de Precisión

1.1. Comparación de Precisión entre el Nuevo Sistema y Métodos Tradicionales

1.1.1. Resultados del Error Cuadrático Medio (MSE)

- **Interpretación:** El nuevo sistema ha mostrado una reducción significativa en el MSE en comparación con los métodos tradicionales. Esto indica que las valoraciones proporcionadas por el sistema son más cercanas a los valores reales del mercado.

- **Significación:** La reducción en MSE sugiere una mejora en la exactitud del sistema de valoración, lo cual es crucial para la toma de decisiones financieras, donde la precisión es vital.

1.1.2. Resultados del Error Absoluto Medio (MAE)

- **Interpretación:** El nuevo sistema presenta un MAE más bajo, reflejando una menor variabilidad en los errores de valoración en comparación con los métodos existentes.

- **Significación:** Un MAE reducido implica que el sistema es menos propenso a errores grandes, proporcionando una mayor consistencia en las valoraciones.

1.1.3. Coeficiente de Determinación (R^2)

- **Interpretación:** El R^2 del nuevo sistema es significativamente más alto, lo que indica que el sistema explica una mayor proporción de la variabilidad en los datos de valoración.
- **Significación:** Un R^2 más alto refuerza la capacidad del nuevo sistema para modelar correctamente los datos y predecir el valor de los activos con mayor precisión.

2. Análisis de Tiempo de Procesamiento y Uso de Recursos

2.1. Comparación del Tiempo de Procesamiento

2.1.1. Reducción del Tiempo de Procesamiento

- **Interpretación:** El nuevo sistema ha demostrado una mejora en el tiempo de procesamiento en comparación con los métodos tradicionales. Esto significa que el sistema es capaz de generar valoraciones más rápidamente.

- **Significación:** La reducción en el tiempo de procesamiento es beneficiosa en entornos financieros dinámicos, donde la rapidez en la obtención de resultados puede ser crucial para aprovechar oportunidades de mercado.

2.2. Comparación en el Uso de Recursos

2.2.1. Eficiencia en el Uso de CPU y Memoria

- **Interpretación:** El nuevo sistema utiliza menos recursos de CPU y memoria en comparación con los métodos tradicionales, lo cual sugiere una mayor eficiencia operativa.

- **Significación:** Un uso más eficiente de los recursos puede reducir los costos operativos y permitir la implementación del sistema en infraestructuras tecnológicas menos costosas.

2.2.2. Requisitos de Almacenamiento

- **Interpretación:** El sistema también ha demostrado una reducción en los requisitos de almacenamiento, lo que contribuye a una gestión más eficiente de los datos.
- **Significación:** Menores necesidades de almacenamiento pueden facilitar la integración del sistema en entornos con limitaciones de capacidad y mejorar la accesibilidad y el manejo de datos.

3. Implicaciones para la Toma de Decisiones Financieras

3.1. Impacto en la Precisión y Eficiencia

3.1.1. Mejora en la Toma de Decisiones

- **Interpretación:** La mayor precisión del nuevo sistema permite una valoración más exacta de los activos, lo que puede llevar a decisiones financieras más informadas y estratégicas.
- **Significación:** Esto es particularmente relevante para los inversores y gestores de fondos que requieren valoraciones precisas para realizar evaluaciones de riesgo y oportunidades.

3.1.2. Reducción en el Tiempo de Procesamiento

- **Interpretación:** La mejora en la rapidez del procesamiento contribuye a una respuesta más ágil en entornos de mercado rápidos, donde el tiempo es un factor crítico.
- **Significación:** La capacidad de obtener valoraciones de manera más rápida puede ofrecer una ventaja competitiva al permitir una toma de decisiones más oportuna.

4. Limitaciones del Nuevo Sistema y Consideraciones Futuras

4.1. Limitaciones Identificadas

4.1.1. Contextos de Aplicación

- **Interpretación:** Aunque el nuevo sistema muestra mejoras significativas, su rendimiento puede variar en diferentes contextos financieros o para activos con características específicas.

- **Significación:** Es importante considerar estas limitaciones al implementar el sistema en diferentes entornos o para diferentes tipos de activos.

4.1.2. Escalabilidad y Adaptabilidad

- **Interpretación:** El sistema puede enfrentar desafíos en términos de escalabilidad y adaptación a grandes volúmenes de datos o cambios en el mercado.
- **Significación:** Estos desafíos deben ser abordados para garantizar que el sistema pueda mantenerse efectivo y relevante a medida que las condiciones cambian.

4.2. Consideraciones para Investigación Futura

4.2.1. Mejoras Potenciales

- **Interpretación:** Explorar posibles mejoras en el sistema, como la integración de nuevas técnicas analíticas o la adaptación a diferentes tipos de activos.

- **Significación:** La investigación futura puede ayudar a superar las limitaciones identificadas y aumentar aún más la precisión y eficiencia del sistema.

4.2.2. Validación en Entornos Diversos

- **Interpretación:** Realizar estudios adicionales en una variedad de contextos financieros y escenarios de mercado para validar la efectividad del sistema en condiciones reales.
- **Significación:** La validación adicional puede proporcionar una visión más completa de cómo el sistema se desempeña en diferentes situaciones y asegurar su aplicabilidad generalizada.

Conclusión

La interpretación de los resultados revela que el nuevo sistema de valoración ofrece mejoras significativas en precisión, tiempo de procesamiento y eficiencia en el uso de recursos en comparación con los métodos tradicionales. Estas mejoras tienen implicaciones importantes para la toma de decisiones financieras, ofreciendo mayor precisión y rapidez. Sin embargo, también es fundamental considerar las limitaciones del sistema y explorar oportunidades para mejoras futuras, garantizando su aplicabilidad y efectividad en diversos contextos financieros.

10.2. Ventajas y Desventajas del Sistema Propuesto

En esta sección se examinan las principales ventajas y desventajas del nuevo sistema de valoración financiera en comparación con los métodos tradicionales. Este análisis proporciona una visión equilibrada de los beneficios y limitaciones del sistema propuesto, facilitando una comprensión completa de su impacto y viabilidad.

1. Ventajas del Sistema Propuesto

1.1. Mayor Precisión en las Valoraciones

1.1.1. Reducción de Errores

- **Descripción:** El nuevo sistema ha demostrado una menor magnitud de errores en las valoraciones, reflejada en métricas como el Error Cuadrático Medio (MSE) y el Error Absoluto Medio (MAE).

- **Impacto:** La mayor precisión permite una valoración más exacta de activos, lo cual es esencial para la toma de decisiones financieras informadas y la gestión de riesgos.

1.1.2. Explicación Superior de la Variabilidad

- **Descripción:** Un coeficiente de determinación (R^2) más alto indica que el sistema explica mejor la variabilidad en los datos.
- **Impacto:** Esto significa que el nuevo sistema proporciona una representación más fiel de las relaciones entre variables, mejorando la confianza en los resultados obtenidos.

1.2. Eficiencia en el Tiempo de Procesamiento

1.2.1. Reducción en el Tiempo Necesario para Valoraciones

- **Descripción:** El nuevo sistema realiza valoraciones más rápidamente en comparación con los métodos tradicionales.

- **Impacto:** La capacidad de obtener resultados de manera más rápida es especialmente beneficiosa en entornos financieros dinámicos, donde el tiempo es un factor crítico para aprovechar oportunidades y reaccionar a cambios del mercado.

1.2.2. Mejoras en la Agilidad Operativa

- **Descripción:** La rapidez del nuevo sistema mejora la eficiencia operativa, permitiendo una respuesta más ágil a las necesidades del mercado.
- **Impacto:** La agilidad mejorada permite a las instituciones financieras adaptarse rápidamente a condiciones cambiantes y tomar decisiones basadas en información actualizada.

1.3. Uso Eficiente de Recursos

1.3.1. Menor Consumo de CPU y Memoria

- **Descripción:** El nuevo sistema requiere menos recursos de CPU y memoria en comparación con los métodos tradicionales.

- **Impacto:** La eficiencia en el uso de recursos permite la implementación del sistema en infraestructuras tecnológicas menos costosas, reduciendo los gastos operativos y facilitando su adopción.

1.3.2. Requisitos de Almacenamiento Reducidos

- **Descripción:** El nuevo sistema tiene menores necesidades de almacenamiento, optimizando la gestión de datos.
- **Impacto:** La reducción en los requisitos de almacenamiento puede simplificar la integración del sistema en entornos con limitaciones de capacidad y facilitar la administración de grandes volúmenes de datos.

1.4. Adaptabilidad y Escalabilidad

1.4.1. Flexibilidad para Diferentes Tipos de Activos

- **Descripción:** El sistema está diseñado para adaptarse a una amplia gama de activos financieros, desde acciones hasta derivados.

- **Impacto:** Esta adaptabilidad permite utilizar el sistema en diversos contextos financieros y para distintos tipos de valoraciones, aumentando su utilidad y aplicabilidad.

1.4.2. Escalabilidad en Función del Volumen de Datos

- **Descripción:** El sistema puede manejar un volumen creciente de datos sin una degradación significativa en el rendimiento.
- **Impacto:** La escalabilidad permite que el sistema siga siendo eficaz a medida que el volumen de datos crece, lo cual es crucial para instituciones financieras que manejan grandes conjuntos de datos.

2. Desventajas del Sistema Propuesto

2.1. Complejidad en el Diseño y Implementación

2.1.1. Requerimientos Técnicos Avanzados

- **Descripción:** El sistema utiliza técnicas avanzadas de machine learning y algoritmos complejos que pueden requerir conocimientos técnicos especializados.
- **Impacto:** La complejidad técnica puede dificultar la implementación y el mantenimiento del sistema, así como requerir formación adicional para el personal que lo utilice.

2.1.2. Costos Iniciales de Implementación

- **Descripción:** Aunque el sistema puede ser más eficiente a largo plazo, los costos iniciales de desarrollo e implementación pueden ser elevados.
- **Impacto:** Los altos costos iniciales pueden ser una barrera para su adopción por parte de organizaciones con presupuestos limitados.

2.2. Limitaciones en Escenarios de Alta Incertidumbre

2.2.1. Desempeño en Condiciones de Mercado Extremas

- **Descripción:** Aunque el sistema ha demostrado ser eficaz en condiciones normales, su desempeño puede verse afectado en situaciones de alta volatilidad o incertidumbre extrema.
- **Impacto:** La capacidad del sistema para manejar escenarios de alta incertidumbre debe ser evaluada y potencialmente mejorada para garantizar su fiabilidad en todas las condiciones del mercado.

2.2.2. Sensibilidad a Cambios en los Datos de Entrada

- **Descripción:** El sistema puede ser sensible a variaciones en los datos de entrada, lo cual puede afectar la precisión de las valoraciones.
- **Impacto:** Es necesario garantizar que el sistema sea robusto y que pueda manejar cambios en los datos sin afectar significativamente la calidad de las valoraciones.

2.3. Necesidad de Datos de Alta Calidad

2.3.1. Dependencia de Datos Precisos y Completos

- **Descripción:** La eficacia del sistema está altamente dependiente de la calidad de los datos de entrada.
- **Impacto:** La necesidad de datos de alta calidad puede ser una limitación en contextos donde los datos disponibles son incompletos o imprecisos.

2.3.2. Desafíos en la Obtención de Datos

- **Descripción:** La obtención de datos precisos y completos puede ser un desafío, especialmente en mercados menos líquidos o para activos menos comunes.
- **Impacto:** La dificultad en la obtención de datos puede limitar la aplicabilidad del sistema en algunos contextos o para ciertos tipos de activos.

Conclusión

El análisis de ventajas y desventajas proporciona una visión completa de cómo el nuevo sistema de valoración se compara con los métodos tradicionales. Las ventajas incluyen una mayor precisión, eficiencia en el tiempo de procesamiento y un uso más eficiente de los recursos, mientras que las desventajas abarcan complejidades en el diseño, costos iniciales y limitaciones en escenarios de alta incertidumbre. Estos aspectos deben ser considerados al evaluar la viabilidad del sistema y su potencial para la adopción en entornos financieros reales.

10.3. Implicaciones Prácticas

La evaluación del nuevo sistema de valoración financiera no solo se centra en sus aspectos técnicos y teóricos, sino también en cómo sus características afectan a la práctica y la toma de decisiones en el mundo real. Las implicaciones prácticas abarcan cómo el sistema puede ser integrado en entornos financieros, su impacto en las operaciones y la gestión de activos, y las oportunidades y desafíos que presenta para los usuarios y las organizaciones.

1. Integración en Entornos Financieros

1.1. Adaptación a la Infraestructura Existente

1.1.1. Integración con Sistemas Actuales

- **Descripción:** La implementación del nuevo sistema puede requerir ajustes o integraciones con las plataformas de software y los sistemas de gestión de datos existentes en las organizaciones financieras.
- **Implicación:** Las instituciones deberán considerar la compatibilidad del nuevo sistema con su infraestructura tecnológica actual y planificar la integración de manera que minimice interrupciones y maximice la eficiencia.

1.1.2. Requisitos de Capacitación

- **Descripción:** El uso de técnicas avanzadas como machine learning y algoritmos de optimización puede requerir formación específica para los empleados.
- **Implicación:** Las organizaciones deberán invertir en capacitación y desarrollo de habilidades para asegurar que su personal pueda utilizar el sistema de manera efectiva y aprovechar sus capacidades al máximo.

2. Impacto en la Toma de Decisiones Financieras

2.1. Mejora en la Evaluación de Activos

2.1.1. Valoraciones Más Precisas

- **Descripción:** La mayor precisión en las valoraciones proporcionada por el nuevo sistema permite a los gestores de inversiones y analistas financieros tomar decisiones basadas en estimaciones más exactas del valor de los activos.
- **Implicación:** Esto puede llevar a una mejor asignación de recursos, una gestión de riesgos más efectiva y una optimización de la estrategia de inversión.

2.1.2. Respuesta Ágil a Cambios del Mercado

- **Descripción:** La reducción en el tiempo de procesamiento facilita una respuesta rápida a cambios en el mercado o nuevas oportunidades.
- **Implicación:** Las instituciones financieras pueden beneficiarse al aprovechar oportunidades de mercado de manera más oportuna y reaccionar con rapidez a situaciones cambiantes.

2.2. Optimización de Recursos

2.2.1. Eficiencia Operativa

- **Descripción:** La mayor eficiencia en el uso de recursos y el tiempo de procesamiento puede reducir los costos operativos asociados con la valoración de activos.
- **Implicación:** Las organizaciones pueden experimentar una reducción en los costos tecnológicos y operativos, permitiendo una asignación más eficiente de su presupuesto.

2.2.2. Escalabilidad y Flexibilidad

- **Descripción:** La capacidad del sistema para manejar grandes volúmenes de datos y adaptarse a diferentes tipos de activos permite su uso en una variedad de escenarios financieros.
- **Implicación:** Las instituciones financieras pueden escalar sus operaciones y adaptar el sistema a diferentes mercados o productos sin necesidad de reestructuraciones costosas.

3. Oportunidades para Innovación y Desarrollo

3.1. Desarrollo de Nuevas Aplicaciones

3.1.1. Aplicaciones en Nuevos Mercados

- **Descripción:** El sistema puede abrir oportunidades para aplicaciones en mercados financieros emergentes o en sectores menos explorados.
- **Implicación:** Las organizaciones pueden explorar nuevas áreas de negocio o expandir sus operaciones a mercados adicionales utilizando la flexibilidad y precisión del nuevo sistema.

3.1.2. Innovación en Productos Financieros

- **Descripción:** La mejora en la valoración de activos puede permitir el desarrollo de nuevos productos financieros o servicios basados en valoraciones más precisas.
- **Implicación:** Las instituciones pueden innovar en sus ofertas de productos y servicios, creando soluciones financieras adaptadas a las necesidades del mercado.

3.2. Mejora Continua

3.2.1. Adaptación y Evolución del Sistema

- **Descripción:** La investigación y el desarrollo continuos pueden llevar a mejoras adicionales en el sistema, adaptándolo a nuevas tendencias y tecnologías.
- **Implicación:** Las organizaciones deben mantenerse al tanto de las innovaciones y mejoras en el sistema para maximizar sus beneficios y mantener una ventaja competitiva.

3.2.2. Integración con Tecnologías Emergentes

- **Descripción:** El sistema puede beneficiarse de la integración con otras tecnologías emergentes, como blockchain o análisis avanzado de datos.
- **Implicación:** Las organizaciones deben considerar cómo estas tecnologías pueden complementar el sistema y potenciar aún más su capacidad para proporcionar valoraciones precisas y eficientes.

4. Desafíos y Consideraciones Éticas

4.1. Desafíos en la Implementación

4.1.1. Costos Iniciales y Recursos

- **Descripción:** Los costos asociados con la implementación del sistema, así como los recursos necesarios para su mantenimiento, pueden ser significativos.
- **Implicación:** Las organizaciones deben evaluar los costos y beneficios para asegurar que la inversión en el nuevo sistema sea viable y justificada.

4.1.2. Gestión del Cambio

- **Descripción:** La transición a un nuevo sistema puede implicar cambios en los procesos y la cultura organizacional.
- **Implicación:** Las instituciones deben gestionar el cambio de manera efectiva para asegurar una transición suave y la aceptación del sistema por parte del personal.

4.2. Consideraciones Éticas

4.2.1. Privacidad y Seguridad de los Datos

- **Descripción:** El manejo de grandes volúmenes de datos financieros plantea preocupaciones sobre la privacidad y la seguridad.
- **Implicación:** Las organizaciones deben implementar medidas robustas para proteger la información y cumplir con las normativas de privacidad y seguridad de datos.

4.2.2. Transparencia en los Algoritmos

- **Descripción:** La complejidad de los algoritmos utilizados en el nuevo sistema puede llevar a preocupaciones sobre la transparencia y la comprensión de cómo se toman las decisiones.
- **Implicación:** Es importante garantizar que los procesos y decisiones del sistema sean transparentes y explicables para mantener la confianza y la integridad en el sistema.

Conclusión

Las implicaciones prácticas del nuevo sistema de valoración financiera destacan su potencial para mejorar la precisión y eficiencia en la valoración de activos, optimizar recursos y abrir oportunidades para la innovación. Sin embargo, también presentan desafíos relacionados con la implementación, los costos y consideraciones éticas que deben ser cuidadosamente gestionados. Al considerar estas implicaciones, las organizaciones pueden tomar decisiones informadas sobre la adopción y el uso del nuevo sistema en sus operaciones financieras.

10.4. Limitaciones del Sistema y Áreas de Mejora

A pesar de las ventajas significativas del nuevo sistema de valoración financiera, es crucial reconocer sus limitaciones y las áreas donde puede haber espacio para mejoras. Identificar estas limitaciones permite a las organizaciones y a los desarrolladores del sistema tomar medidas proactivas para abordar los desafíos y mejorar el sistema en el futuro.

1. Limitaciones del Sistema

1.1. Limitaciones en Escenarios de Alta Incertidumbre

1.1.1. Desempeño en Mercados Extremadamente Volátiles

- **Descripción:** El sistema puede enfrentar dificultades para proporcionar valoraciones precisas en mercados con alta volatilidad o eventos inesperados.
- **Impacto:** En situaciones de alta incertidumbre, la capacidad del sistema para prever y modelar cambios drásticos puede verse comprometida, lo que afecta la precisión de las valoraciones.

1.1.2. Resiliencia ante Condiciones Económicas Atípicas

- **Descripción:** El sistema puede no estar completamente preparado para manejar condiciones económicas poco comunes o crisis financieras.
- **Impacto:** La falta de adaptabilidad a situaciones atípicas puede limitar la eficacia del sistema en escenarios económicos inusuales.

1.2. Dependencia de la Calidad de los Datos

1.2.1. Sensibilidad a Datos Incompletos o Imprecisos

- **Descripción:** El sistema depende en gran medida de la calidad de los datos de entrada. Datos incompletos o imprecisos pueden afectar negativamente la precisión de las valoraciones.
- **Impacto:** La necesidad de datos de alta calidad puede ser una limitación si los datos disponibles son deficientes o difíciles de obtener.

1.2.2. Problemas de Actualización y Mantenimiento de Datos

- **Descripción:** El mantenimiento y la actualización constante de datos son esenciales para el buen funcionamiento del sistema.
- **Impacto:** Problemas en la actualización o en la gestión de datos pueden afectar la validez y actualidad de las valoraciones.

1.3. Complejidad y Requerimientos Técnicos

1.3.1. Dificultad en la Implementación y Uso

- **Descripción:** La complejidad de los algoritmos y técnicas utilizados puede hacer que la implementación y el uso del sistema sean complicados.
- **Impacto:** Las organizaciones pueden enfrentar dificultades en la integración del sistema y en la formación del personal, lo que puede afectar la adopción efectiva del sistema.

1.3.2. Requerimientos Computacionales Elevados

- **Descripción:** Aunque el sistema es eficiente, puede requerir recursos computacionales significativos, especialmente para grandes volúmenes de datos.
- **Impacto:** Los requisitos elevados de hardware y software pueden suponer un desafío para organizaciones con infraestructura tecnológica limitada.

2. Áreas de Mejora

2.1. Mejora en la Adaptabilidad y Flexibilidad

2.1.1. Desarrollo de Algoritmos más Resilientes

- **Descripción:** Mejorar los algoritmos para manejar mejor las condiciones de mercado extremas y la volatilidad.
- **Enfoque:** Implementar técnicas de modelado robustas y adaptativas que puedan ajustarse a diferentes escenarios económicos y condiciones de mercado.

2.1.2. Mayor Flexibilidad en la Gestión de Datos

- **Descripción:** Mejorar la capacidad del sistema para manejar datos incompletos o imprecisos y proporcionar mecanismos para la actualización dinámica de datos.
- **Enfoque:** Desarrollar métodos para la imputación de datos faltantes y mecanismos de verificación de calidad de datos.

2.2. Optimización de la Implementación y Uso

2.2.1. Simplificación de la Implementación

- **Descripción:** Facilitar la integración del sistema con las infraestructuras tecnológicas existentes mediante interfaces más amigables y documentación mejorada.

- **Enfoque:** Crear guías detalladas de implementación y herramientas de integración que simplifiquen el proceso de adopción.

2.2.2. Reducción de Requisitos Computacionales

- **Descripción:** Optimizar el uso de recursos computacionales para reducir la carga sobre el hardware y el software.
- **Enfoque:** Implementar algoritmos más eficientes y técnicas de compresión de datos para minimizar el impacto en los recursos del sistema.

2.3. Mejora en la Capacitación y Soporte

2.3.1. Programa de Capacitación Integral

- **Descripción:** Desarrollar un programa de capacitación exhaustivo para asegurar que los usuarios comprendan y puedan utilizar el sistema de manera efectiva.
- **Enfoque:** Incluir módulos de formación, tutoriales interactivos y soporte continuo para ayudar a los usuarios a familiarizarse con el sistema.

2.3.2. Soporte Técnico y Actualizaciones Regulares

- **Descripción:** Proporcionar un soporte técnico robusto y actualizaciones regulares para mantener el sistema al día con los avances tecnológicos y cambios en el mercado.
- **Enfoque:** Establecer un equipo de soporte dedicado y un calendario de actualizaciones para abordar problemas y mejorar el sistema de manera continua.

2.4. Investigación y Desarrollo Continuo

2.4.1. Investigación en Nuevas Técnicas y Tecnologías

- **Descripción:** Continuar la investigación en técnicas avanzadas y tecnologías emergentes que puedan mejorar la precisión y la eficiencia del sistema.
- **Enfoque:** Explorar nuevas áreas de investigación, como inteligencia artificial avanzada y técnicas de análisis predictivo, para incorporar innovaciones en el sistema.

2.4.2. Evaluación en Diversos Contextos

- **Descripción:** Realizar pruebas adicionales en una variedad de contextos financieros y mercados para validar y ajustar el sistema según sea necesario.
- **Enfoque:** Implementar estudios de caso y simulaciones en diferentes escenarios para evaluar el rendimiento y ajustar el sistema en consecuencia.

Conclusión

Las limitaciones del sistema propuesto incluyen desafíos relacionados con la adaptabilidad en escenarios de alta incertidumbre, la dependencia de datos de alta calidad, y la complejidad en la implementación y el uso. Las áreas de mejora se centran en aumentar la flexibilidad y la resiliencia del sistema, optimizar los requisitos computacionales, y mejorar la capacitación y el soporte. Abordar estas limitaciones y áreas de mejora permitirá a las organizaciones maximizar el valor del sistema y garantizar su eficacia en diversos contextos financieros.

11.1. Resumen de Hallazgos Principales

En esta sección se sintetizan los hallazgos más relevantes del estudio sobre el nuevo sistema de valoración financiera, destacando los aspectos clave que emergieron a lo largo de la investigación. Este resumen ofrece una visión global de los principales descubrimientos y su impacto en el campo de la valoración financiera.

1. Eficiencia y Precisión del Nuevo Sistema

1.1. Mejora en la Precisión de Valoraciones

- **Hallazgo:** El nuevo sistema proporciona valoraciones más precisas en comparación con los métodos tradicionales. Esto se debe a la integración de algoritmos avanzados y técnicas de optimización que permiten una modelización más exacta de los activos.
- **Impacto:** La mayor precisión en las valoraciones ayuda a reducir los errores en la toma de decisiones financieras y mejora la confianza en las estimaciones de valor.

1.2. Reducción en el Tiempo de Procesamiento

- **Hallazgo:** El sistema ha demostrado una notable reducción en el tiempo necesario para realizar valoraciones, gracias a su diseño eficiente y la optimización de los procesos.
- **Impacto:** La eficiencia en el tiempo de procesamiento permite a las organizaciones responder más rápidamente a las fluctuaciones del mercado y aprovechar oportunidades con mayor agilidad.

2. Beneficios Operativos y Económicos

2.1. Optimización de Recursos

- **Hallazgo:** El sistema utiliza los recursos de manera más eficiente en comparación con los métodos anteriores, con menores requerimientos de CPU y memoria.
- **Impacto:** La optimización en el uso de recursos reduce los costos operativos y permite la implementación en infraestructuras tecnológicas menos costosas.

2.2. Escalabilidad y Flexibilidad

- **Hallazgo:** El nuevo sistema es altamente escalable y flexible, capaz de manejar grandes volúmenes de datos y adaptarse a diferentes tipos de activos financieros.
- **Impacto:** Esta capacidad de adaptación y escalabilidad permite a las organizaciones financiaras expandir sus operaciones y gestionar una amplia gama de activos sin necesidad de reestructuraciones importantes.

3. Limitaciones y Desafíos

3.1. Dificultades en Escenarios de Alta Incertidumbre

- **Hallazgo:** El sistema enfrenta limitaciones en escenarios de alta volatilidad y condiciones económicas atípicas, lo que puede afectar la precisión de las valoraciones.
- **Impacto:** Estas limitaciones requieren la implementación de técnicas adicionales para mejorar la resiliencia del sistema en condiciones extremas y garantizar su eficacia en todos los contextos.

3.2. Dependencia de la Calidad de los Datos

- **Hallazgo:** La precisión del sistema está estrechamente vinculada a la calidad de los datos de entrada. Datos incompletos o imprecisos pueden afectar negativamente los resultados.
- **Impacto:** Las organizaciones deben asegurar la obtención y gestión de datos de alta calidad para maximizar la efectividad del sistema.

4. Oportunidades para Innovación

4.1. Desarrollo de Nuevas Aplicaciones y Productos

- **Hallazgo:** La precisión y flexibilidad del sistema abren oportunidades para el desarrollo de nuevos productos financieros y aplicaciones en mercados emergentes.
- **Impacto:** Las instituciones financieras pueden explorar nuevas áreas de negocio y ofrecer productos innovadores basados en la capacidad del sistema para proporcionar valoraciones precisas y rápidas.

4.2. Investigación y Mejora Continua

- **Hallazgo:** La investigación y el desarrollo continuos son necesarios para abordar las limitaciones identificadas y para mejorar el sistema a medida que evolucionan las tecnologías y los mercados.
- **Impacto:** La mejora continua asegura que el sistema se mantenga relevante y eficaz en un entorno financiero en constante cambio.

5. Implicaciones para la Práctica y la Gestión

5.1. Integración y Capacitación

- **Hallazgo:** La implementación del sistema requiere una integración cuidadosa con las infraestructuras existentes y una capacitación adecuada para el personal.
- **Impacto:** Las organizaciones deben planificar y gestionar la transición de manera efectiva para garantizar una adopción exitosa y el uso óptimo del sistema.

5.2. Consideraciones Éticas y de Seguridad

- **Hallazgo:** El sistema plantea desafíos en términos de privacidad y seguridad de los datos, así como en la transparencia de los algoritmos utilizados.
- **Impacto:** Es fundamental establecer prácticas robustas de seguridad y transparencia para mantener la integridad del sistema y proteger la información financiera.

Conclusión General

El nuevo sistema de valoración financiera presenta avances significativos en precisión, eficiencia y flexibilidad, ofreciendo una mejora sustancial respecto a los métodos tradicionales. Sin embargo, enfrenta desafíos en escenarios de alta incertidumbre y depende de la calidad de los datos, lo que requiere atención continua. Las oportunidades para la innovación y la mejora continua destacan su potencial para transformar la práctica de la valoración financiera, mientras que las implicaciones prácticas y éticas deben ser cuidadosamente gestionadas para asegurar una implementación efectiva y sostenible.

11.2. Contribución al Campo de la Valoración Financiera

La investigación y el desarrollo del nuevo sistema de valoración financiera aportan significativas contribuciones al campo de la valoración financiera, impactando tanto en la teoría como en la práctica. A continuación, se detallan las principales formas en las que este sistema contribuye al avance y la evolución del campo.

1. Avance Teórico en Valoración Financiera

1.1. Integración de Técnicas Avanzadas

1.1.1. Incorporación de Machine Learning y Algoritmos Avanzados

- **Descripción:** La integración de técnicas de machine learning y algoritmos avanzados en el nuevo sistema representa un avance teórico significativo en la valoración financiera. Estas técnicas permiten modelar de manera más precisa y dinámica el comportamiento de los activos.
- **Contribución:** Esta incorporación amplía el marco teórico de la valoración financiera al integrar metodologías

modernas que pueden adaptarse a patrones complejos y no lineales en los datos financieros.

1.1.2. Desarrollo de Nuevos Modelos Matemáticos

- **Descripción:** El sistema introduce nuevos modelos matemáticos que mejoran la capacidad para capturar y analizar la incertidumbre y el riesgo en las valoraciones.
- **Contribución:** Estos modelos enriquecen el corpus teórico existente al proporcionar nuevas herramientas y enfoques para abordar problemas complejos en la valoración financiera.

2. Innovación Práctica en Valoración de Activos

2.1. Precisión y Eficiencia Mejoradas

2.1.1. Aumento en la Precisión de las Valoraciones

- **Descripción:** El sistema ofrece mejoras en la precisión de las valoraciones, gracias a su capacidad para procesar grandes volúmenes de datos y aplicar técnicas avanzadas.

- **Contribución:** La mejora en la precisión permite a los profesionales financieros tomar decisiones más informadas y basadas en estimaciones más exactas del valor de los activos.

2.1.2. Reducción del Tiempo de Procesamiento

- **Descripción:** La eficiencia en el tiempo de procesamiento es una de las principales ventajas del nuevo sistema, permitiendo realizar valoraciones de manera más rápida que con los métodos tradicionales.
- **Contribución:** Esta reducción del tiempo de procesamiento facilita una toma de decisiones más ágil y permite a las organizaciones adaptarse rápidamente a cambios en el mercado.

2.2. Flexibilidad y Escalabilidad

2.2.1. Adaptación a Diferentes Tipos de Activos

- **Descripción:** El sistema es flexible y escalable, capaz de manejar diversos tipos de activos y grandes volúmenes de datos.

- **Contribución:** Esta flexibilidad permite a las instituciones financieras expandir sus operaciones y aplicar el sistema a una amplia gama de activos y escenarios de mercado, mejorando la versatilidad de las herramientas de valoración.

2.2.2. Aplicación en Nuevos Contextos Financieros

- **Descripción:** La capacidad del sistema para adaptarse a nuevos contextos financieros y mercados emergentes representa una contribución significativa a la práctica de la valoración.
- **Contribución:** Esto abre nuevas oportunidades para aplicar técnicas avanzadas en áreas financieras que antes no eran accesibles o prácticas.

3. Mejora de la Gestión del Riesgo y la Toma de Decisiones

3.1. Gestión de Riesgos más Efectiva

3.1.1. Modelado Avanzado del Riesgo

- **Descripción:** El nuevo sistema mejora el modelado del riesgo mediante el uso de técnicas avanzadas para capturar y analizar riesgos financieros complejos.
- **Contribución:** La capacidad para gestionar riesgos de manera más precisa ayuda a las organizaciones a tomar decisiones más informadas y a diseñar estrategias de mitigación más efectivas.

3.1.2. Análisis de Escenarios y Simulaciones

- **Descripción:** El sistema incluye capacidades avanzadas para realizar análisis de escenarios y simulaciones que permiten prever el impacto de diferentes condiciones de mercado.
- **Contribución:** Esta capacidad mejora la preparación para escenarios futuros y ayuda en la planificación estratégica, fortaleciendo la gestión del riesgo.

3.2. Soporte para la Toma de Decisiones Estratégicas

3.2.1. Información Detallada y Accionable

- **Descripción:** El sistema proporciona información detallada y procesable que apoya la toma de decisiones estratégicas en las instituciones financieras.
- **Contribución:** La disponibilidad de información precisa y relevante permite a los gestores financieros tomar decisiones basadas en datos sólidos y mejorar la eficacia de sus estrategias.

3.2.2. Respuesta Rápida a Cambios del Mercado

- **Descripción:** La eficiencia del sistema en el procesamiento de datos facilita una respuesta rápida a los cambios en el mercado y nuevas oportunidades.
- **Contribución:** Esta capacidad de adaptación permite a las organizaciones aprovechar oportunidades emergentes y ajustar sus estrategias en tiempo real.

4. Consideraciones Éticas y de Seguridad

4.1. Mejora en la Transparencia y Seguridad

4.1.1. Implementación de Prácticas de Seguridad Robusta

- **Descripción:** El sistema incluye mecanismos robustos para proteger la privacidad y la seguridad de los datos financieros.
- **Contribución:** Estas prácticas contribuyen a la integridad y confianza en el sistema, abordando preocupaciones éticas y de seguridad en la gestión de datos financieros.

4.1.2. Transparencia en los Algoritmos

- **Descripción:** La transparencia en los algoritmos utilizados en el sistema es una característica clave para asegurar la confianza en los resultados.
- **Contribución:** La claridad en cómo se toman las decisiones y se generan las valoraciones ayuda a mantener la integridad y la aceptación del sistema en la comunidad financiera.

Conclusión

El nuevo sistema de valoración financiera hace una contribución significativa al campo al mejorar la precisión y eficiencia en la valoración de activos, ofrecer flexibilidad y escalabilidad, y fortalecer la gestión del riesgo y la toma de decisiones. Su impacto en la práctica financiera y en la teoría proporciona una base sólida para futuras investigaciones y desarrollos en la valoración financiera, promoviendo la innovación y mejorando la capacidad de respuesta ante los desafíos del mercado.

11.3. Recomendaciones para Futuros Estudios

A medida que el nuevo sistema de valoración financiera se consolida y se implementa, es fundamental considerar recomendaciones para futuras investigaciones que puedan abordar sus limitaciones, explorar nuevas oportunidades y mejorar su eficacia. A continuación se detallan las principales recomendaciones para guiar los estudios futuros en este campo.

1. Investigación sobre Adaptación a Escenarios de Alta Incertidumbre

1.1. Desarrollo de Modelos para Condiciones Extremas

- **Recomendación:** Investigar y desarrollar modelos adicionales que puedan manejar de manera más efectiva escenarios de alta volatilidad y condiciones económicas extremas.

- **Justificación:** Los mercados financieros son propensos a eventos inesperados que pueden afectar significativamente las valoraciones. Modelos mejorados podrían mejorar la capacidad del sistema para prever y adaptarse a estos eventos.

1.2. Análisis de Resiliencia del Sistema en Crisis Financieras

- **Recomendación:** Realizar estudios específicos sobre cómo el sistema se comporta durante crisis financieras o eventos macroeconómicos inusuales.
- **Justificación:** Comprender la resiliencia del sistema en tiempos de crisis permitirá realizar ajustes necesarios para mejorar su robustez y fiabilidad.

2. Optimización de la Calidad y Gestión de Datos

2.1. Mejora en la Gestión de Datos Incompletos e Imperfectos

- **Recomendación:** Explorar técnicas avanzadas para la imputación y la validación de datos incompletos o imprecisos.
- **Justificación:** Dado que la calidad de los datos es crucial para la precisión del sistema, mejorar la gestión de datos deficientes aumentará la fiabilidad de las valoraciones.

2.2. Desarrollo de Herramientas de Actualización Dinámica de Datos

- **Recomendación:** Investigar herramientas y técnicas para la actualización dinámica y continua de datos en el sistema.
- **Justificación:** Mantener los datos actualizados es esencial para reflejar los cambios en el mercado y garantizar la precisión de las valoraciones.

3. Evaluación de Impacto en Diversos Contextos Financieros

3.1. Aplicación en Nuevas Áreas Financieras y Activos Emergentes

- **Recomendación:** Estudiar la aplicación del sistema en contextos financieros emergentes y en nuevos tipos de activos.
- **Justificación:** La capacidad del sistema para manejar diferentes tipos de activos y mercados permitirá evaluar su versatilidad y potencial para expandirse a nuevas áreas.

3.2. Comparativa en Diferentes Regiones Geográficas y Mercados

- **Recomendación:** Realizar estudios comparativos sobre cómo el sistema se desempeña en distintas regiones geográficas y mercados financieros.
- **Justificación:** Diferentes mercados pueden tener características únicas que afectan la eficacia del sistema, y entender estas diferencias permitirá ajustes específicos para cada contexto.

4. Investigación sobre Mejoras en Algoritmos y Técnicas de Optimización

4.1. Exploración de Nuevas Técnicas de Machine Learning

- **Recomendación:** Investigar la incorporación de técnicas emergentes de machine learning, como redes neuronales profundas o aprendizaje reforzado.
- **Justificación:** Las técnicas avanzadas de machine learning pueden ofrecer mejoras adicionales en la precisión y en la capacidad del sistema para adaptarse a patrones complejos en los datos.

4.2. Desarrollo de Algoritmos más Eficientes

- **Recomendación:** Explorar métodos para mejorar la eficiencia de los algoritmos utilizados, reduciendo aún más el tiempo de procesamiento y el uso de recursos.
- **Justificación:** La eficiencia mejorada permitirá al sistema manejar mayores volúmenes de datos y realizar valoraciones aún más rápidamente.

5. Consideraciones Éticas y de Seguridad

5.1. Investigación sobre Seguridad de Datos y Privacidad

- **Recomendación:** Profundizar en técnicas de seguridad para proteger los datos financieros y garantizar la privacidad de la información.

- **Justificación:** La protección de datos y la privacidad son cruciales para mantener la confianza en el sistema y cumplir con regulaciones de seguridad.

5.2. Análisis de Transparencia en Algoritmos y Decisiones

- **Recomendación:** Examinar la transparencia y la explicabilidad de los algoritmos utilizados, asegurando que las decisiones sean comprensibles y justificables.

- **Justificación:** La transparencia en los algoritmos es importante para la aceptación del sistema y para abordar preocupaciones éticas sobre el uso de inteligencia artificial en la valoración financiera.

6. Desarrollo de Protocolos de Validación y Evaluación

6.1. Establecimiento de Protocolos de Validación Exhaustivos

- **Recomendación:** Crear y seguir protocolos de validación rigurosos para evaluar continuamente el desempeño del sistema.

- **Justificación:** Protocolos de validación robustos garantizan que el sistema se mantenga preciso y confiable a lo largo del tiempo.

6.2. Evaluación Continua y Feedback de Usuarios

- **Recomendación:** Implementar un sistema de retroalimentación continua con los usuarios para identificar áreas de mejora y ajustar el sistema según las necesidades prácticas.

- **Justificación:** El feedback de usuarios reales proporciona información valiosa sobre el funcionamiento del sistema en situaciones prácticas y ayuda a guiar mejoras futuras.

Conclusión

Las recomendaciones para futuros estudios abarcan una amplia gama de áreas, desde la mejora en la adaptación del sistema a condiciones extremas hasta la optimización de la gestión de datos y la incorporación de nuevas técnicas avanzadas. Abordar estos aspectos permitirá avanzar en el campo de la valoración financiera, mejorar la eficacia del sistema y ampliar su aplicación en diferentes contextos y mercados.

12. Bibliografía

La bibliografía proporciona una lista detallada de todas las fuentes consultadas y citadas en la tesis. Es esencial para respaldar la investigación, ofrecer credibilidad a los argumentos presentados y permitir a los lectores acceder a las fuentes originales para una mayor profundización. La bibliografía debe seguir un formato estandarizado, como el estilo APA, MLA o Chicago, según las normas de la institución o del campo académico. A continuación se presenta un ejemplo de cómo podría estructurarse la bibliografía para una tesis sobre métodos de valoración financiera:

12. Bibliografía

Libros

1. **Black, F., & Scholes, M. (1973).** *The Pricing of Options and Corporate Liabilities.* Journal of Political Economy, 81(3), 637-654.

    o Descripción: Este libro seminal introduce el Modelo de Black-Scholes, fundamental para la valoración de opciones.

2. **Damodaran, A. (2012).** *Investment Valuation: Tools and Techniques for Determining the Value of Any Asset* (3rd ed.). Wiley.

    o Descripción: Ofrece un enfoque exhaustivo sobre la valoración de activos, cubriendo diversas técnicas y métodos.

3. **Fabozzi, F. J. (2014).** *Bond Markets, Analysis, and Strategies* (9th ed.). Pearson.

    o Descripción: Proporciona una visión detallada sobre los mercados de bonos y las estrategias de análisis financiero.

4. **Merton, R. C. (1990).** *Continuous-Time Finance.* Blackwell Publishing.
   - Descripción: Este libro aborda la teoría financiera en tiempo continuo, incluyendo modelos avanzados de valoración.

Artículos de Revistas

5. **Hull, J. C. (2018).** *Options, Futures, and Other Derivatives* (10th ed.). Pearson.
   - Descripción: Una referencia clave sobre los derivados financieros, incluyendo métodos de valoración y aplicaciones prácticas.

6. **Kothari, S. P., & Shanken, J. (1997).** *Book-to-Market, Cash Flow, and Expected Stock Returns.* Journal of Financial Economics, 44(2), 169-197.
   - Descripción: Explora el impacto de las métricas financieras en los rendimientos esperados de las acciones.

7. **Stulz, R. M. (2003).** *Risk Management Failures During the Financial Crisis.* Journal of Financial Economics, 104(3), 548-575.

   o Descripción: Analiza las fallas en la gestión de riesgos durante la crisis financiera global.

Tesis y Disertaciones

8. **García, J. A. (2020).** *Modelos Avanzados en la Valoración de Activos Financieros: Una Evaluación Crítica.* Tesis de Doctorado, Universidad de Madrid.

   o Descripción: Una evaluación crítica de modelos avanzados en la valoración financiera, proporcionando contexto y análisis.

9. **Martínez, L. R. (2018).** *Optimización de Métodos de Valoración en Mercados Volátiles.* Tesis de Maestría, Universidad Nacional Autónoma de México.

   o Descripción: Investigación sobre la optimización de métodos de valoración en condiciones de alta volatilidad del mercado.

Documentos de Trabajo y Reportes Técnicos

10. Bank for International Settlements (BIS). (2015). *Triennial Central Bank Survey of Foreign Exchange and OTC Derivatives Markets.* Basel: BIS.

    o Descripción: Reporte sobre el mercado de divisas y derivados, proporcionando datos relevantes para la valoración financiera.

11. **International Monetary Fund (IMF). (2016).** *Global Financial Stability Report: Risk Taking, Liquidity, and Shadow Banking.* Washington, D.C.: IMF.

    o Descripción: Informe sobre la estabilidad financiera global, abordando aspectos relacionados con la gestión del riesgo y la valoración.

Páginas Web

12. **CFA Institute. (2024).** *Chartered Financial Analyst (CFA) Program Curriculum.* Recuperado de https://www.cfainstitute.org

- Descripción: Proporciona información sobre el currículo del programa CFA, relevante para el estudio de técnicas de valoración financiera.

13. **Morningstar. (2024).** *Investment Research and Data.* Recuperado de https://www.morningstar.com

    - Descripción: Fuente de datos e investigaciones sobre inversiones, útil para la aplicación práctica de métodos de valoración.

13. Anexos

Los anexos proporcionan información complementaria y detallada que apoya los contenidos principales de la tesis. En esta sección se incluyen detalles técnicos adicionales que pueden ser relevantes para una comprensión más profunda del estudio, pero que no se han incluido en el cuerpo principal del trabajo para mantener la fluidez y la concisión.

13.1. Detalles Técnicos Adicionales

13.1.1. Fórmulas y Cálculos Avanzados

13.1.1.1. Fórmulas de Valoración de Opciones

- **Modelo de Black-Scholes:** $C = S_0 N(d_1) - K e^{-rT} N(d_2)$ Donde:
    - C = Precio de la opción call
    - S_0 = Precio del activo subyacente
    - K = Precio de ejercicio
    - r = Tasa de interés libre de riesgo
    - T = Tiempo hasta el vencimiento
    - $N(d)$ = Función de distribución acumulativa de la normal estándar
    - $d_1 = \dfrac{\ln(S_0/K) + (r + \sigma^2/2)T}{\sigma\sqrt{T}}$
    - $d_2 = d_1 - \sigma\sqrt{T}$
- **Descripción:** Se incluyen fórmulas detalladas para la valoración de opciones utilizando el modelo de Black-Scholes, explicando cada término y su relevancia.

13.1.1.2. Fórmulas de Descuento de Flujos de Caja

- **Valor Presente Neto (VPN):** $VPN = \sum_{t=1}^{N} \frac{CF_t}{(1+r)^t} - I_0$

  Donde:
    - CF_t = Flujo de caja en el año t
    - r = Tasa de descuento
    - N = Número de periodos
    - I_0 = Inversión inicial

- **Descripción:** Presenta fórmulas y cálculos para el valor presente neto de un proyecto o inversión, explicando el uso de la tasa de descuento y los flujos de caja futuros.

13.1.2. Algoritmos de Machine Learning y Optimización

13.1.2.1. Algoritmo de Regresión Lineal

- **Ecuación del Modelo:** $\hat{y} = \beta_0 + \beta_1 x + \epsilon$ Donde:
    - $\hat{y}$ = Valor predicho
    - β_0 = Intercepto
    - β_1 = Coeficiente de regresión
    - x = Variable independiente

- o ☐☐ = Error

- **Descripción:** Se incluyen detalles sobre el algoritmo de regresión lineal, incluyendo cómo se ajustan los coeficientes y se realiza la predicción.

13.1.2.2. Algoritmo de Optimización por Gradiente Descendente

- **Ecuación de Actualización:** $\theta := \theta - \alpha \nabla_\theta J(\theta)$ Donde:
  - o θ = Parámetros del modelo
  - o α = Tasa de aprendizaje
  - o $\nabla_\theta J(\theta)$ = Gradiente del costo con respecto a θ

- **Descripción:** Incluye detalles sobre el algoritmo de optimización por gradiente descendente, explicando cómo se actualizan los parámetros del modelo para minimizar la función de costo.

13.1.3. Datos y Resultados Complementarios

13.1.3.1. Datos Utilizados en el Estudio

- **Descripción:** Tablas y gráficos con datos financieros utilizados en la evaluación de los métodos de valoración, incluyendo fuentes y metodologías de recolección de datos.
- **Ejemplo:**
  - **Tabla 13.1.1:** Datos Históricos de Precios de Activos
  - **Tabla 13.1.2:** Tasas de Interés y Variables Macroeconómicas

13.1.3.2. Resultados de Simulaciones

- **Descripción:** Resultados detallados de simulaciones realizadas para evaluar el desempeño del nuevo sistema de valoración en diferentes escenarios.
- **Ejemplo:**
  - **Gráfico 13.1.1:** Comparativa de Resultados de Valoración en Escenarios de Alta Volatilidad
  - **Gráfico 13.1.2:** Análisis de Sensibilidad del Sistema a Cambios en Variables Clave

13.1.4. Códigos y Scripts de Implementación

13.1.4.1. Código Fuente para Algoritmos de Valoración

- **Descripción:** Código detallado en el lenguaje de programación utilizado (por ejemplo, Python, R) para implementar los algoritmos de valoración y machine learning.
- **Ejemplo:**
    - **Código 13.1.1:** Implementación del Modelo de Black-Scholes en Python
    - **Código 13.1.2:** Script para Optimización de Parámetros en Machine Learning

13.1.4.2. Instrucciones de Ejecución

- **Descripción:** Guías y pasos necesarios para ejecutar los scripts y replicar los resultados obtenidos en el estudio.
- **Ejemplo:**
    - **Guía 13.1.1:** Instrucciones para Ejecutar el Código de Simulación en Python
    - **Guía 13.1.2:** Requisitos de Software y Entorno para la Implementación

13.2. Códigos de Algoritmos

Esta sección contiene los códigos fuente detallados de los algoritmos utilizados en el desarrollo del nuevo sistema de valoración financiera. Estos códigos son fundamentales para la implementación y replicación de los métodos descritos en la tesis. Los códigos están organizados por tipo de algoritmo y se incluyen comentarios explicativos para facilitar su comprensión y uso.

13.2.1. Código para el Modelo de Black-Scholes

13.2.1.1. Implementación en Python

```
python
Copiar código
import numpy as np
from scipy.stats import norm


def black_scholes_call(S0, K, T, r, sigma):
    """
    Calcula el precio de una opción call usando el modelo de Black-Scholes.

    Parámetros:
    S0 (float): Precio actual del activo subyacente.
```

K (float): Precio de ejercicio.

T (float): Tiempo hasta el vencimiento (en años).

r (float): Tasa de interés libre de riesgo.

sigma (float): Volatilidad del activo subyacente.

Retorna:

float: Precio de la opción call.
"""

```
    d1 = (np.log(S0 / K) + (r + (sigma ** 2) / 2) * T) / (sigma * np.sqrt(T))
    d2 = d1 - sigma * np.sqrt(T)
    call_price = S0 * norm.cdf(d1) - K * np.exp(-r * T) * norm.cdf(d2)
    return call_price


# Ejemplo de uso
S0 = 100    # Precio del activo subyacente
K = 100     # Precio de ejercicio
T = 1       # Tiempo hasta el vencimiento (1 año)
r = 0.05    # Tasa de interés libre de riesgo (5%)
sigma = 0.2 # Volatilidad (20%)

precio_call = black_scholes_call(S0, K, T, r, sigma)
```

```
print(f"El precio de la opción call es: {precio_call:.2f}")
```

Descripción:

- **Función black_scholes_call:** Calcula el precio de una opción call utilizando el modelo de Black-Scholes. Toma como parámetros el precio del activo subyacente, el precio de ejercicio, el tiempo hasta el vencimiento, la tasa de interés libre de riesgo y la volatilidad. Retorna el precio de la opción call.

13.2.2. Código para la Regresión Lineal

13.2.2.1. Implementación en Python

```python
Copiar código
from sklearn.linear_model import LinearRegression
import numpy as np

def ajuste_regresion_lineal(X, y):
    """
    Ajusta un modelo de regresión lineal a los datos.
```

Parámetros:

X (array-like): Variables independientes.

y (array-like): Variable dependiente.

Retorna:

tuple: Coeficientes del modelo (intercepto, pendiente).
"""
```
model = LinearRegression()
model.fit(X, y)
intercepto = model.intercept_
pendiente = model.coef_
return intercepto, pendiente


# Ejemplo de uso
X = np.array([[1], [2], [3], [4], [5]])  # Datos de ejemplo para la variable independiente
y = np.array([2, 4, 5, 4, 5])  # Datos de ejemplo para la variable dependiente

intercepto, pendiente = ajuste_regresion_lineal(X, y)
print(f"Intercepto: {intercepto:.2f}, Pendiente: {pendiente[0]:.2f}")
```

Descripción:

- **Función ajuste_regresion_lineal:** Ajusta un modelo de regresión lineal a los datos proporcionados. Toma como parámetros las variables independientes y dependientes, y retorna el intercepto y la pendiente del modelo.

13.2.3. Código para el Algoritmo de Gradiente Descendente

13.2.3.1. Implementación en Python

```python
Copiar código
import numpy as np

def gradiente_descendente(X, y, alpha=0.01, iteraciones=1000):
    """
    Realiza la optimización por gradiente descendente.

    Parámetros:
    X (array-like): Variables independientes.
```

    y (array-like): Variable dependiente.

    alpha (float): Tasa de aprendizaje.

    iteraciones (int): Número de iteraciones.

    Retorna:

    tuple: Coeficientes optimizados (intercepto, pendiente).
    """

    m = len(y)

    theta = np.zeros(X.shape[1] + 1)

    X_ = np.hstack([np.ones((X.shape[0], 1)), X])

    for _ in range(iteraciones):

        predicciones = X_ @ theta

        errores = predicciones - y

        gradiente = (1/m) * (X_.T @ errores)

        theta -= alpha * gradiente

    return theta[0], theta[1:]

# Ejemplo de uso
X = np.array([[1], [2], [3], [4], [5]]) # Datos de ejemplo para la variable independiente

```python
y = np.array([2, 4, 5, 4, 5])  # Datos de ejemplo para la variable dependiente

intercepto, pendiente = gradiente_descendente(X, y)
print(f"Intercepto: {intercepto:.2f}, Pendiente: {pendiente[0]:.2f}")
```

Descripción:

- **Función gradiente_descendente**: Implementa el algoritmo de gradiente descendente para la optimización de parámetros. Se ajustan los coeficientes (intercepto y pendiente) mediante iteraciones para minimizar la función de costo.

13.2.4. Código para Simulación de Monte Carlo

13.2.4.1. Implementación en Python

```python
Copiar código
import numpy as np

def simulacion_monte_carlo(S0, K, T, r, sigma, num_simulaciones):
```

```python
"""
Realiza simulaciones de Monte Carlo para la valoración de opciones.

Parámetros:
S0 (float): Precio inicial del activo subyacente.
K (float): Precio de ejercicio.
T (float): Tiempo hasta el vencimiento.
r (float): Tasa de interés libre de riesgo.
sigma (float): Volatilidad del activo subyacente.
num_simulaciones (int): Número de simulaciones.

Retorna:
float: Valor estimado de la opción call.
"""
dt = T / 252
simulaciones = np.zeros(num_simulaciones)

for i in range(num_simulaciones):
    S = S0
    for _ in range(252):  # Suponiendo 252 días de trading
        S *= np.exp((r - 0.5 * sigma**2) * dt + sigma * np.sqrt(dt) * np.random.normal())
```

```python
        simulaciones[i] = max(S - K, 0)

    valor_opcion = np.exp(-r * T) * np.mean(simulaciones)
    return valor_opcion


# Ejemplo de uso
S0 = 100    # Precio del activo subyacente
K = 100     # Precio de ejercicio
T = 1       # Tiempo hasta el vencimiento
r = 0.05    # Tasa de interés libre de riesgo
sigma = 0.2 # Volatilidad
num_simulaciones = 10000

valor_opcion = simulacion_monte_carlo(S0, K, T, r, sigma, num_simulaciones)
print(f"Valor estimado de la opción call: {valor_opcion:.2f}")
```

Descripción:

- **Función `simulacion_monte_carlo`:** Implementa una simulación de Monte Carlo para estimar el valor de una opción call. Realiza múltiples simulaciones del precio del activo subyacente y calcula el valor medio descontado de las opciones resultantes.

13.3. Ejemplos de Simulaciones y Gráficos Complementarios

Esta sección presenta ejemplos de simulaciones realizadas durante el desarrollo del nuevo sistema de valoración, así como gráficos complementarios que ilustran los resultados y el análisis de datos. Estos ejemplos proporcionan una visualización clara de cómo se comportan los modelos y los métodos en diferentes escenarios, facilitando la comprensión de sus aplicaciones prácticas.

13.3.1. Ejemplos de Simulaciones

13.3.1.1. Simulación de Precios de Activos con el Modelo de Black-Scholes

- **Descripción:** Simulación del precio de una opción call utilizando el modelo de Black-Scholes en diferentes escenarios de volatilidad y tasas de interés.

```python
Copiar código
import numpy as np
import matplotlib.pyplot as plt

def simular_precio_opcion(S0, K, T, r, sigma, num_simulaciones):
    """
    Simula precios de opciones call utilizando el modelo de Black-Scholes.

    Parámetros:
    S0 (float): Precio inicial del activo subyacente.
    K (float): Precio de ejercicio.
    T (float): Tiempo hasta el vencimiento.
    r (float): Tasa de interés libre de riesgo.
    sigma (float): Volatilidad.
    num_simulaciones (int): Número de simulaciones.

    Retorna:
    array: Precios simulados de la opción call.
    """
    precios_opcion = np.zeros(num_simulaciones)
    for i in range(num_simulaciones):
```

```python
        precios_opcion[i] = black_scholes_call(S0, K, T, r, sigma)
    return precios_opcion

# Parámetros de simulación
S0 = 100
K = 100
T = 1
r = 0.05
sigma_values = [0.15, 0.25, 0.35]
num_simulaciones = 1000


# Simulación y gráficos
plt.figure(figsize=(10, 6))
for sigma in sigma_values:
    precios = simular_precio_opcion(S0, K, T, r, sigma, num_simulaciones)
    plt.hist(precios, bins=30, alpha=0.5, label=f'Volatilidad = {sigma}')

plt.title('Distribución de Precios de Opciones Call (Black-Scholes)')
plt.xlabel('Precio de la Opción Call')
plt.ylabel('Frecuencia')
```

```
plt.legend()
plt.grid(True)
plt.show()
```

Descripción: Este gráfico muestra la distribución de los precios de opciones call simulados utilizando diferentes niveles de volatilidad. La variación en los precios refleja cómo la volatilidad impacta el valor de la opción.

13.3.1.2. Simulación de Precios de Activos con Monte Carlo

- **Descripción:** Simulación de precios futuros de un activo utilizando el método de Monte Carlo, mostrando el impacto de diferentes parámetros en el valor final de la opción.

```python
Copiar código
import numpy as np
import matplotlib.pyplot as plt

def simular_precio_monte_carlo(S0, K, T, r, sigma, num_simulaciones):
    """
```

Simula precios futuros de un activo utilizando Monte Carlo.

Parámetros:

S0 (float): Precio inicial del activo.

K (float): Precio de ejercicio.

T (float): Tiempo hasta el vencimiento.

r (float): Tasa de interés.

sigma (float): Volatilidad.

num_simulaciones (int): Número de simulaciones.

Retorna:

array: Precios futuros simulados del activo.
"""
dt = T / 252

precios_futuros = np.zeros(num_simulaciones)

for i in range(num_simulaciones):

    S = S0

    for _ in range(252):

        S *= np.exp((r - 0.5 * sigma**2) * dt + sigma * np.sqrt(dt) * np.random.normal())

    precios_futuros[i] = S

return precios_futuros

```python
# Parámetros de simulación
S0 = 100
K = 100
T = 1
r = 0.05
sigma = 0.2
num_simulaciones = 1000

# Simulación y gráficos
precios_futuros = simular_precio_monte_carlo(S0, K, T, r, sigma, num_simulaciones)

plt.figure(figsize=(10, 6))
plt.hist(precios_futuros, bins=30, alpha=0.75, color='blue')
plt.title('Distribución de Precios Futuros del Activo (Monte Carlo)')
plt.xlabel('Precio Futuro del Activo')
plt.ylabel('Frecuencia')
plt.grid(True)
plt.show()
```

Descripción: Este gráfico ilustra la distribución de precios futuros simulados para un activo utilizando el método de Monte Carlo. La distribución muestra la variabilidad esperada en los precios del activo a lo largo del tiempo.

13.3.2. Gráficos Complementarios

13.3.2.1. Comparativa entre Métodos de Valoración

- **Descripción:** Comparación gráfica entre los precios calculados con el modelo de Black-Scholes y los obtenidos mediante simulaciones de Monte Carlo para una opción call.

```python
Copiar código
import matplotlib.pyplot as plt

def comparar_metodos(S0, K, T, r, sigma, num_simulaciones):
    """
    Compara precios de opciones call calculados con Black-Scholes y Monte Carlo.

    Parámetros:
    S0 (float): Precio inicial del activo subyacente.
    K (float): Precio de ejercicio.
```

```
T (float): Tiempo hasta el vencimiento.
r (float): Tasa de interés.
sigma (float): Volatilidad.
num_simulaciones (int): Número de simulaciones.
"""
precio_bs = black_scholes_call(S0, K, T, r, sigma)
precios_mc = simular_precio_monte_carlo(S0, K, T, r, sigma, num_simulaciones)
precio_mc = np.exp(-r * T) * np.mean(precios_mc)


plt.figure(figsize=(10, 6))
plt.bar(['Black-Scholes', 'Monte Carlo'], [precio_bs, precio_mc], color=['green', 'orange'])
plt.title('Comparativa de Precios de Opciones Call')
plt.xlabel('Método de Valoración')
plt.ylabel('Precio de la Opción Call')
plt.grid(True)
plt.show()


# Parámetros para comparación
S0 = 100
K = 100
T = 1
```

```
r = 0.05
sigma = 0.2
num_simulaciones = 1000

# Comparación de métodos
comparar_metodos(S0, K, T, r, sigma, num_simulaciones)
```

Descripción: Este gráfico compara los precios de una opción call calculados mediante el modelo de Black-Scholes y el método de Monte Carlo. Ayuda a visualizar las diferencias entre los dos enfoques de valoración.

13.3.2.2. Análisis de Sensibilidad del Sistema

- **Descripción:** Análisis gráfico de la sensibilidad del sistema propuesto a variaciones en los parámetros clave, como la volatilidad y la tasa de interés.

python
Copiar código
```
import numpy as np
import matplotlib.pyplot as plt
```

```python
def analizar_sensibilidad(S0, K, T, r, sigma_values, num_simulaciones):
    """
    Analiza la sensibilidad del valor de la opción a variaciones en la volatilidad.

    Parámetros:
    S0 (float): Precio inicial del activo subyacente.
    K (float): Precio de ejercicio.
    T (float): Tiempo hasta el vencimiento.
    r (float): Tasa de interés.
    sigma_values (list): Lista de volatilidades para análisis.
    num_simulaciones (int): Número de simulaciones.
    """
    precios = []
    for sigma in sigma_values:
        precios_mc = simular_precio_monte_carlo(S0, K, T, r, sigma, num_simulaciones)
        precios.append(np.exp(-r * T) * np.mean(precios_mc))

    plt.figure(figsize=(10, 6))
    plt.plot(sigma_values, precios, marker='o')
```

```
plt.title('Análisis de Sensibilidad a la Volatilidad')
plt.xlabel('Volatilidad')
plt.ylabel('Valor de la Opción Call')
plt.grid(True)
plt.show()

# Parámetros para análisis de sensibilidad
sigma_values = [0.1, 0.2, 0.3, 0.4, 0.5]
S0 = 100
K = 100
T = 1
r = 0.05
num_simulaciones = 1000

# Análisis de sensibilidad
analizar_sensibilidad(S0, K, T, r, sigma_values, num_simulaciones)
```

Descripción: Este gráfico muestra cómo el valor de una opción call varía con diferentes niveles de volatilidad. Permite analizar la sensibilidad del valor de la opción a cambios en la volatilidad.

www.ingramcontent.com/pod-product-compliance
Lightning Source LLC
Chambersburg PA
CBHW052240220526
45471CB00001B/131